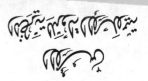

الأسس النظرية للدولة الإسلامية

محسن الاراكي

Researching the Principles of
Religious Government

First Edition:
Published in Great Britain in 2001

By:
Mohsen Araki

Published by

BOOkEXTRA
INTERNATIONAL PUBLISHERS&DISTRIBUTORS

P.O. BOX 12519
London W9 1ZA, UK
Tel: (44) 20-7604 5508
Fax: (44) 20-7604 4921
E-mail: sales@bookextra.com
Home Page: www.bookextra.com

ISBN: 1 900560 38 0

الناشر: بوك اكسترا -لندن- انجلترا

الطبعة الاولى

حقوق الطبع: محفوظة للناشر

سنة الطبع: ١٤٢٢هـ - ٢٠٠١م

بسم الله الرحمن الرحيم

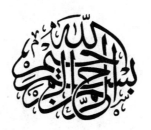

طبع على مطابع :

مؤسسة الأعلمي للمطبوعات
بيروت - شارع المطار - قرب كلية الهندسة
ملك الأعلمي - ص.ب ٧١٢٠
هاتف: ٤٥٠٤٢٦ / ٠١ - فاكس: ٤٥٠٤٢٧ / ٠١

PRINTED by Alaalami Library
Beirut Lebanon P.O.Box 7120
Tel - Fax : 450427
E-mail:alaalami@yahoo.com.

مقدمة الناشر

يضم الكتاب مجموعة مقالات وبحوث حول مفهوم الدولة الاسلامية واسسها النظرية كان قد قدمها سماحة آية اللّه الشيخ محسن الاراكي في مناسبات عديدة وضمن مؤتمرات وندوات علمية اقيمت في لندن .

ونظراً للاهمية التي يحظى بها موضوع «الدولة في الاسلام» وما تتضمنه هذه البحوث والمقالات من اسلوب جديد وعلمي في طرح مثل هذه المواضيع، فقد تبنّت مؤسسة «بوك اكسترا» للنشر والتوزيع ان تقوم بطباعة واصدار هذه المجموعة من المقالات ليستفيد منها المفكرون والباحثون.

ان مؤسسة «بوك اكسترا» ومنذ تأسيسها اخذت على عاتقها مهمة نشر الفكر والثقافة الاسلامية وسعت في هذا المجال للقيام بخطوات نحو تنوير الراي العام عبر ما تعده وتصدره من نتاجات ثقافية نافعة ومفيدة .

مؤسسة بوك اكسترا العالمية

لندن

بحوث في الأسس النظرية للدولة الدينية

ضرورات وجود الدولة الدينية

يمكن بيان ضرورات وجود الدولة الدينية وبايجاز من خلال رؤى ثلاث :

١- تعريف الدين والدولة الدينية:

قبل كل شيء ينبغي أن نقدم تعريفاً للدين والدولة الدينية ونحدد من خلاله مفهوم هذين المصطلحين .

المراد من الدين ـ الذي نجد نحن المسلمين مصداقه الكامل في الاسلام ـ هو مجموع التعاليم الإلهية التي وصلت إلينا نحن البشر عن طريق الوحي والمبعوثين من الأنبياء والرسل . وبناء على هذا التعريف فان مفهوم الدين يشتمل على ثلاثة عناصر أساسية يلزم فقدان أو غياب أي منها نفياً لمفهوم الدين نفسه .

١-١ الإيمان بالله ، الخالق لهذا الكون ؛

١-٢ الوحي الإلهي ونبوة الأنبياء بواسطة الوحي ؛

١-٣ مجموع التعاليم والإرشادات الإلهية ؛

عدم الإيمان بخالق لهذا الكون أو نفي الوحي الذي يربط البشر بالأوامر والنواهي والتعاليم الإلهية أو نفي التعاليم الإلهية ذاتها، كل ذلك يعني بالضرورة نفياً للدين نفسه، وكل دين بغضّ النظر عن مدى صحة أو بطلان تعاليمه فانه قائم على هذه الأركان الثلاثة. والمقصود من الدولة الدينية هو تطبيق التعاليم الدينية في حياة الإنسان أي ان يحكم الدين شؤون المجتمع ومقدراته وتنتظم العلاقات الانسانية داخل المجتمع وفقاً لتعاليم الدين.

٢- الضرورات العقلية للدولة الدينية:

الدين بالمفهوم الذي تقدم هو نظام لحياة الإنسان ويتسع نطاق نفوذه وتأثيره لجميع الأفعال الاختيارية للإنسان والتي تكون موضوعاً للعدل والظلم أو الحق والباطل.

فكل فعل ارادي يمكن أن يتصف بأنه حق أو باطل أو ينعت بأنه عدل أو ظلم هو موضوع الحكم الديني، والدين بالتالي هو النظام الموجّه لكل الأفعال الارادية والاختيارية التي تصدر عن الإنسان؛ وهناك الكثير من الأدلة والبراهين العقلية التي تشهد على ضرورة ولزوم حاكمية الدين وسيادته على جميع الأفعال الإنسانية التي يقوم بها الفرد ونعني بها تلك الأفعال الارادية والاختيارية، ونشير هنا الى عدد من هذه الأدلة والبراهين :

البرهان الأول:

البرهان العقلي الأول الذي نورده في هذا المجال يتكون من ثلاث مقدمات ضرورية (بديهية):

١- يوجد في حياة كل إنسان وسلوك كل فرد ما يوصف بالحق والباطل أو العدل والظلم.

٢- الإنسان كائن مختار وله المقدرة على الانتقاء والاختيار وبالتالي فهو مسؤول عمّا يختاره وفقاً لارادته، وتعني المسؤولية هنا انه يتحمل نتائج سلوكه سلبية كانت أم ايجابية. وعلى هذا الأساس يحكم العقل بضرورة أن يلتزم الإنسان بالحق والعدل وان يتجنب الظلم والباطل.

٣- الإنسان معرض للجهل وارتكاب الظلم. أي أنه معرض للخطأ في حيّز فكره وسلوكه.

ومهما بلغ هذا الإنسان مرحلة من الكمال العقلي والعلمي فانه يضحى ذلك الكائن الذي لا يمكنه أن يحيط بحقائق الوجود كلّه وان يطلع على أسرار ما هو كائن وما سيكون. وبالتالي فانه معرض باستمرار للوقوع في الأخطاء والقصور عن اختيار الأصلح نتيجة لجهله بحقائق العالم.

وهو معرض كذلك مع فرض علمه ومعرفته بما هو حق وبما هو صالح لأن يسلك طريق الباطل وأن يرتكب ما لا يليق من السلوك وأن ينتهج سبيل الظلم استجابة لأهوائه وشهواته: ﴿انه كان ظلوماً جهولاً﴾[1].

---

(١) الأحزاب: ٧٢.

ان مسؤولية الإنسان بمعنى تحمله للنتائج الايجابية أو السلبية لسلوكه من جهة وضعف الإنسان بسبب ما يحيط به من ظلم أو جهل من جهة أخرى جعلا نظام الخلق القائم على الحكمة والكمال سواء في أجزاء الكون أو فيما يرتبط منه بالإنسان أمام ضرورة عقلية هي ضرورة وجود الدليل والمرشد، في نطاقيه النظري والعملي ومن دون وجود هذا المرشد أو الدليل النظري والعملي الذي يستطيع أن يكشف طريق الحق والعدل ويضحى معياراً لمعرفة الفكر الصائب والعمل الصالح فان ضياع الإنسان وسقوطه محتم ولا مفرّ له من هذا المصير المحتوم وان هذا الضياع والسقوط المحتومين من ناحية ثانية لا ينسجمان ومسؤولية الإنسان وتحمله لعواقب سلوكه وأفعاله .

نقول إذن ان مسؤولية الإنسان ازاء نتائج أفعاله وما اختاره من السلوك ـ وهي بديهية عقلية ـ وكذلك حتمية سقوط الإنسان وهلاكه نتيجة علمه المحدود وسيطرة الأهواء والغرائز عليه ـ باعتبارها بديهية عقلية أخرى ـ تقضيان معاً بوجوب أن يكون هناك معيار لتمييز الحق والعدل على المستويين النظري والعملي .

ونظراً لأن الحق والعدل وبموجب ما يقرّه العقل صفتان ذاتيتان وضروريتان للباري عز وجل وأن المصدر الذي يكشف عن الحق والعدل في بُعديهما النظري والعملي هو الذات الإلهية المقدسة وبما ان حضور هذه الذات غير ممكن في أفق المجتمع البشري فان العقل يقضي بوضع الخالق

١٤

سبحانه معياراً نظرياً وهو الكتاب والدستور الإلهي ومعياراً عملياً وهو وجود الشخصيات العادلة والمعصومة والمصطفين من البشر لتمييز الحق والعدل في حياة الإنسان ولكي يأمن البشر من السقوط والانحراف والضلالة عبر ما يتبعونه من التعاليم في ضوء هذين المعيارين وبذلك يصبح لمسؤولية الإنسان أمام أفعاله وسلوكه معنى ومفهوم حقيقيان .

وبعبارة أخرى فان هناك سبيلاً واحداً للخلاص من اشكالية التعارض بين القاعدة الضرورية التي تقول ان مسؤولية الإنسان تتطلب أن يكون الطريق أمامه متاحاً لاختيار ما هو صالح ولاجتناب الظلم والخطأ وبين القاعدة الضرورية الأخرى التي تؤكد قصور الإنسان وعجزه عن معرفة الحق والعدل بسبب علمه المحدود من جهة وتأثره بالعوامل التي تحول دون تحقق الحق والعدل في حياته من جهة ثانية ، وذلك السبيل هو طريق الهداية الذي يضعه الدين في متناول الإنسان والمراد من الهداية الدينية هو اقامة الحجة التي تعني المعيار النظري والعملي لتمييز الحق والعدل . وقد عبّرت النصوص الدينية عن المعيار النظري بالكتاب وعن المعيار العملي بالرسول أو الإمام أو الحجة والميزان .

البرهان الثاني:

البرهان الثاني ينطوي هو الآخر على عدة مقدمات:

المقدمة الأولى: ان نطاق العدل والظلم يتسع لكل الأفعال الاختيارية للإنسان بمعنى ان كل فعل اختياري يقوم على وعي وشعور وارادة يمكن نعته بأوصاف العدل والظلم أو الحق والباطل أو الحسن والسيء. أي بعبارة أخرى يمكن تقييم هذا الفعل تقييماً اخلاقياً. ومن هنا فان جميع ما يصدر عن الفرد من أفعال اختيارية هي قابلة للتقييم أي امكانية وصفها بالعدل والظلم أو الحق والباطل أو الخير والشر.

ولسنا معنيين هنا بتحديد معايير الحق والباطل أو العدل والظلم أو الخير والشر وما يهمنا بالفعل هو المبدأ العام لتقييم السلوك الإنساني.

المقدمة الثانية: القيمة التي تختزلها كلمة العدل تملك في ذاتها طابعاً الزامياً بمعنى ان حقيقة كل من العدل والقيمة ليست مفصولة عن مبدأ ما يجب فعله وما يجب تركه. وان الفصل بين العدل والقيمة من جهة وبين هذا المبدأ من جهة أخرى يعني افراغ القيمة من مضمونها وحقيقتها.

ان ماهية العدل التي هي قيمة في ذاتها لا تحتمل مفهوماً مغايراً لما يتضمنه الأمر والنهي أو مبدأ ما يجب فعله وما يجب تركه. ان حقيقة العدل قائمة على الأمر والنهي وكما أشرنا في المقدمة الأولى فان هذه الحقيقة تتعلق بجميع ما يصدر عن الإنسان من أفعال اختيارية.

المقدمة الثالثة: وفقاً لضرورات العقل فأن الحق عز وجل هو عين

العدل أو بعبارة أخرى هو عين تحقق العدل في الخارج. وأي تصور يفصل بين العدل والذات الإلهية يؤدي الى نفي هذه الذات.

ولما كان العدل مصدر كل الزام وكل أمر وفرض فينبغي أن تكون الذات الإلهية هي مصدراً للأوامر والنواهي وما يجب فعله وما يجب تركه لأن حقيقة العدل قائمة على هذا المبدأ وهي أيضاً متحدة مع الذات الإلهية.

في ضوء هذه المقدمات الثلاث يمكن استخلاص ان الذات الإلهية لابد ان تكون مصدراً للأوامر والنواهي وما هو واجب أو محرّم وان نطاق هذه الواجبات والمحرمات أو الأوامر والنواهي يتسع ويمتد لجميع أفعال الإنسان الاختيارية ولذلك فان العقل يحكم بأن الأفعال الاختيارية للإنسان يجب أن تتقوم بموازين العدل والتي تعبر عنها التعاليم الإلهية وأي تخلّ أو تخلّف عن هذه الموازين والتعاليم مرفوض من جانب العقل.

البرهان الثالث:

هذا البرهان يقوم على عدة مقدمات سنبحثها في الأسطر التالية:

المقدمة الأولى: من البديهيات التي يثبتها العقل هو أن خالق الشيء مالكه وله حق التصرف به.

المقدمة الثانية: التصرف في ملكية الآخرين مذموم من ناحية العقل ويعتبر انتهاكاً وتعدياً على حقوق الآخرين إلا في حالتين:

١ - أن يكون التصرف بإذن من المالك.

٢- ان يتعارض الأمر مع حق أكبر وأهم.

المقدمة الثالثة: وكما هو ثابت في حكم العقل فان الإنسان مخلوق لله. ومملوك له ولا يوجد حق أكبر وأهم منه سبحانه وتعالى.

والنتيجة التي تستخلص من هذه المقدمات الثلاث الضرورية هي أن التصرف في شؤون حياة الإنسان عبر استخدام السلطة السياسية والادارية وفرض تعاليم آمرة وناهية أو ممارسة أي نوع من الحكم في الشؤون المتعلقة بحياة الإنسان والطبيعة التي تحيط من حوله من دون إذنه سبحانه يُعد سلوكاً ظالماً وباطلاً والباري عز وجل وحده الذي يستطيع فرض سلطته على الإنسان والكون المحيط به.

وبما أن الدين بمثابة الاطار والمنهج الذي تسري من خلاله حاكمية الله سبحانه في الشؤون المتعلقة بالإنسان والطبيعة، فلابد أن يكون هذا الدين هو المرجع الوحيد في نظر العقل الذي يستطيع فرض سلطته على الإنسان وعلى الكون.

البرهان الرابع:

هذا البرهان ينطوي على مقدمتين:

المقدمة الأولى: من الوقائع التاريخية التي لا يوجد شك أو تردد بشأنها هي أن أنبياء ومبعوثين من قبل الله تبارك وتعالى قادوا مسيرة البشرية في فترات من التاريخ وأخذوا بزمام الأمور وتولوا ادارة المجتمع

البشري عملاً بالتكليف الإلهي ومن أبرز المصاديق وأوضحها في هذا المجال نبي الإسلام(ص) ومن قبله أنبياء عظام مثل يوسف وداوود وسليمان (عليهم السلام) الذين أقاموا حكم الله في فترات من التاريخ .

المقدمة الثانية : ان من الحقائق التي تسلم بها كل الأديان السماوية وأيضاً مما تم اثباته عبر البرهان العقلي هو ان الحق سبحانه وتعالى عين الحكمة والكمال المطلق وبالتالي لا يمكن صدور أي عمل أو سلوك عابث منه عز وجل أي ان كل ما يقوم به الحق سبحانه فهو خير .

المقدمة الثالثة : ان ترك العمل الحسن من جانب الحق عز وجل محال وممتنع الحدوث لأن ترك الحسن إمّا ناجم عن ضعف أو بخل أو فعل غير حكيم والذات الإلهية منزّهة كل التنزيه عن ذلك كله .

والنتيجة المترتبة على هذه المقدمات هي أن الدولة الدينية اقيمت بالفعل في عهود من التاريخ البشري على يد الأنبياء وبأمر من الله سبحانه وما دام تطبيق الأوامر الإلهية قد تم بأمر منه تبارك وتعالى فلا يوجد شك أو تردد في أن هذا الاجراء كان فعلاً حسناً وعملاً صالحاً ولو لا ذلك لما تدخل الباري جل وعلا في شؤون الخلق .

ويتبين في ضوء ذلك ان تولّي قيادة المجتمع البشري من قبل الأنبياء وخاتمهم النبي محمد (ص) تم بأمر من الله سبحانه ويُعد واجباً عقلياً .

وبعبارة أخرى فان ادارة شؤون الخلق انطلاقاً من التعاليم الإلهية

وكما قامت به قيادات اصطفتها السماء من خلال تطبيقها لمناهج عادلة تكفل للبشرية سعادتها هي من الواجبات التي يقتضيها العقل . وبالطبع هذا لا يعني ان الدولة الدينية تفرض نفسها على ارادة الناس وانما النهج المتبع في هذه الدولة هو اعتمادها على ارادة المجتمع .

ولذلك تصبح اقامة دولة العدل الإلهية مسؤولية يستوجبها العقل ، والناس مسؤولون تجاه هذا الأمر ولذلك فان الدولة تقوم على ارادة الناس وعامة المجتمع .

الدولة الدينية مسؤولية ذات بعدين وجانبين . من جانب يحكم العقل بوجوب ان يضع الله سبحانه في متناول كل فرد من أفراد البشر سبيل الرشاد لكي يتيسر على الإنسان ان يسلك طريق الحق والعدل في حياته ومن جانب آخر يحكم العقل بضرورة اتباع الناس للرسل والتعاليم التي جاءوا بها تحقيقاً للعدالة في المجتمع وان يقوم الناس بالقسط والعدل بقيادة هؤلاء الرسل المكرمين[1] .

القرآن الكريم يشير في هذا المضمار الى أن الهدف من بعثة الأنبياء والرسل حاملين معهم مناهج الحق والعدل هو اتمام للحجة على الخلق وبعبارة أخرى هو تحقيق لما يتطلبه ويقتضيه العقل من ايجاد الامكان لممارسة البشر مسؤولياته أمام خالقه الكريم .

_____

(١) ﴿ لقد أرسلنا رسلنا بالبينات وأنزلنا معهم الكتاب والميزان ليقوم الناس بالقسط ﴾ (الحديد : ٢٥) .

يقول عز من قائل :

﴿ ولو انا أهلكناهم بعذاب من قبله لقالوا ربنا لولا أرسلت إلينا رسولاً فنتبع آياتك من قبل أن نذل ونخزى ﴾[1] .

البرهان الخامس:

وهذا البرهان يقوم أيضاً على عدة مقدمات :

المقدمة الأولى : ان العمل وفق موازين العدل في جميع ما يقوم به الإنسان من أفعال اختيارية سواء الفردية أو الاجتماعية واجب يقتضيه العقل كما يحكم العقل بأن الظلم أمر لا يجوز فعله بل يجب اجتنابه وتركه .

المقدمة الثانية : العقل السلوكي والعملي للإنسان قد يقع في الخطأ والتناقض في فهم القضايا التي تكون موضوعاً للعدل والظلم أي القضايا المتعلقة بالقيم والأخلاق .

وان اختلاف البشر وتمايزهم في القواعد والتقاليد الاجتماعية واختلافهم في منظومة القيم داخل دائرة الفرد أو المحيط الاجتماعي لدليل واضح على هذه الحقيقة .

المقدمة الثالثة : لا يوجد من يستحق ان يكون مرجعاً ومشرعاً في

---

(١) طه : ١٣٤ .

٢١

مجال الأمور التي تخص العدل والظلم إلا الباري عز وجل العالم المطلق والعادل المطلق[1] .

ولأنه عالم على الاطلاق فهو مطلع على كل مصداق حقيقي للعدل أو الظلم ولأنه عادل على الاطلاق فهو قائم بالعدل فيما يبيّنه من تعاليم وما يقوم به من فعل ولا مجال لان يتخطى الباري عز وجل حدود العدل وهو منزه عن الظلم وارتكاب السوء من الفعل وليس هناك من مرجع سوى الله سبحانه يستطيع أن يكون صاحب كلمة الفصل والقول النهائي في القضايا الأخلاقية وكذلك في رسم الحدود الحقيقية للعدل والظلم.

ويستخلص من هذه المقدمات الثلاث ان ما يصدر من فعل اختياري وارادي عن الإنسان هو بحسب ضرورة العقل يجب أن يتبع حكم الله العدل المطلق وأي تخلف عن هذه التبعية والطاعة مساوق للظلم ومرفوض من جانب العقل. ولأن الدين يشتمل على التعاليم الإلهية وان الرسل والأنبياء مطلعون على أسرار هذه التعاليم ووهبوا العصمة الإلهية فانهم يمثلون المرجعية الكاملة في جميع القضايا التي تشكل موضوعاً للعدل أو الظلم والمقصود من الدولة الدينية هو مرجعية هؤلاء الرسل والأنبياء ومرجعية تعاليمهم في الأمور المتعلقة بالقيم والأخلاق أو التي توصف

(١) الذي يدركه العقل بالكامل وما لا يختلف بشأنه العقلاء هو مبدأ حسن العدل وقبح الظلم وأمّا ماهية كل من العدل والظلم فهي موضع خلاف بين العقلاء ولذلك يحتاج الامر الى مرجع أعلى وهو الباري عزّ وجلّ.

بالعدل أو الظلم .

هذه المسألة أي ضرورة مرجعية الباري عز وجل في الأمور القيمية قد تم تأكيدها في القرآن الكريم في موارد عديدة منها :

﴿ وما اختلفتم فيه من شيء فحكمه الى الله ﴾[1] .

٣- ضرورة الدولة الدينية في المصادر الإسلامية

في هذا الجانب تجدر الاشارة الى ان الاستناد الى المصادر الإسلامية للاستدلال على سعة ونطاق عمل الدين ونفوذ أحكامه وتعاليمه لا يعد أمراً مغايراً للمنطق ولا يعتبر أبداً قياساً من نوع «الدور الباطل» لأن هذا الاستناد انما يأتي بعد اثبات حجية المصادر الدينية عبر البراهين العقلية وذلك لتحديد نطاق وميدان عمل الدين وموقعه ودوره في حياة الإنسان .

ان حجية الكتاب والسنة وهما المصدران الرئيسيّان للإسلام قد تمت البرهنة عليها من خلال العديد من الأدلة العقلية ووفقاً لهذا الأصل يمكن الاستفادة من هذين المصدرين الأساسيين لمعرفة موقع الدين ودوره والنطاق الذي تعمل فيه أحكامه وتعاليمه .

ومن الطبيعي اننا لا ننوي في هذا البحث المقتضب الاشارة الى

---

(١) الشورى : ١٠ .

كل ما جاء ذكره في الكتاب والسنة بشأن الموضوع الذي نتحدث بشأنه ولا يمكننا حتى احصاء الأصول والأركان في مصدري الكتاب والسنة وانما غرضنا هو ذكر نماذج من القرآن ومن السنة بما تحمله من دلالات واضحة ومعبرة عما نروم الاستدلال بشأنه وذلك على شقين .

الشق الأول:

نماذج من آيات الكتاب العزيز:

١- الآية ﴿ يا أيها الذين آمنوا أطيعوا الله وأطيعوا الرسول وأولي الأمر منكم فان تنازعتم في شيء فردوه إلى الله والرسول إن كنتم تؤمنون بالله واليوم الآخر ذلك خير وأحسن تأويلا. ألم تر الى الذين يزعمون أنهم آمنوا بما أنزل إليك وما أنزل من قبلك يريدون أن يتحاكموا الى الطاغوت وقد أمروا أن يكفروا به ﴾ .

حتى قوله تعالى: ﴿ وما أرسلنا من رسول إلا ليطاع بإذن الله ﴾ .

والى قوله جل وعلا: ﴿فلا وربك لا يؤمنون حتى يحكموك فيما شجر بينهم ثم لا يجدوا في أنفسهم حرجاً ممّا قضيت ويسلموا تسليما ﴾[1] .

في هذه الآيات دلالة واضحة ومباشرة على مرجعية الدين ومرجعية النبي(ص) في جميع ما يمكن أن يختلف بشأنه أو ما يكون موضعاً للنزاع

_____
(١) النساء: ٥٩-٦٥.

٢٤

بين البشر وأن أي تخلّف عن حكم النبي(ص) يعد كفراً صريحاً.

ان مرجعية النبي (ص) التي أكدت عليها الآيات القرآنية بوضوح هي مرجعية تتسع لجميع الأمور التي يتم التنازع عليها في المجتمع وفي الحقيقة تشمل هذه المرجعية كافة الأفعال الارادية والاختيارية لأفراد البشر لأن ما ينشأ عن اختيار وارادة هو محلّ للتنازع والاختلاف أو على الأقل يمكن ان يكون كذلك.

٢- ﴿ألا له الخلق والأمر تبارك الله رب العالمين﴾[١].

في هذه الآية تأكيد صريح وواضح بأن الله تبارك وتعالى هو الذي يملك حق الأمر وان الحكم والتشريع له وحده.

٣- ﴿وربك يخلق ما يشاء ويختار ما كان لهم الخيرة سبحان الله وتعالى عما يشركون وربك يعلم ما تكن صدورهم وما يعلنون وهو الله لا إله إلا هو له الحمد في الأولى والآخرة وله الحكم وإليه ترجعون﴾[٢].

في هذه الآيات نجد اضافة الى موضوع الحكم والسيادة والأمر والنهي، تأكيداً واضحاً وحاسماً بشأن الحق الذي يقتصر على الله وحده في أن يختار ويشاء بمعنى ان يحدّد الحق والعدل في كل فعل يصدر عن الإنسان عن طريق الاختيار والارادة وانه ليس هناك مرجع يحق له تعيين وتحديد معيار الحق والعدل غيره.

---

(١) الاعراف: ٥٤.

(٢) القصص: ٦٨-٧٠.

٤- ﴿أم اتخذوا من دونه أولياء فالله هو الولي وهو يحيى الموتى وهو على كل شيء قدير وما اختلفتم فيه من شيء فحكمه الى الله ذلكم الله ربي عليه توكلت وإليه أنيب﴾[١].

تضمنت الآيتان الكريمتان تأكيداً على ان الولاية والسلطان والحكم هي من الأمور التي تختص بها الذات الإلهية فيما نجد في الآيتين من جانب آخر تركيزاً على حقيقتين أخريين وهما:

ألف ـ المرجعية التي تكون حقاً حصرياً للباري عز وجل فيما اختلف فيه الناس وتنازعوا عليه.

ب ـ ان نطاق هذه المرجعية يتسع لجميع ما يكون موضعاً للاختلاف في المجتمع. أي ان نطاق ونفوذ السلطة والحاكمية الإلهية يشملان جميع أفعال الإنسان التي تصدر عن ارادة واختيار لأن منطقة الخلاف والتنازع عند البشر هي نفس دائرة ونطاق الأعمال الارادية والاختيارية التي تصدر عنهم.

٥- ﴿كان الناس أمة واحدة فبعث الله النبيين مبشرين ومنذرين وأنزل معهم الكتاب بالحق ليحكم بين الناس فيما اختلفوا فيه﴾[٢].

في هذه الآية اشارة الى عدة نقاط:

١- ان المجتمع البشري عاش مرحلة من التاريخ لم يكن فيه

---

(١) الشورى: ٩-١٠.

(٢) البقرة: ٢١٣.

معرضاً للاختلاف بسبب غياب الوعي والتمييز بين الحق والباطل .

٢- مع بداية عهد الوعي والتمييز بدأ الاختلاف يدب بين البشر وأسدل الستار على التوحد الذي كان يعيشه المجتمع البشري في غياب قدرة التمييز .

٣- مع بداية هذا العهد بعث الله أنبياءه ورسله بالكتاب الحق حتى يكون معياراً للحق والباطل ومرجعاً لحل الاختلاف الذي ظهر في المجتمع البشري .

٤- مرجعية الأنبياء تشمل كافة الأمور التي تكون موضعاً للخلاف والتنازع في المجتمع .

٥- ﴿ لقد أرسلنا رسلنا بالبينات وأنزلنا معهم الكتاب والميزان ليقوم الناس بالقسط ﴾[1] .

تبين الآية ان الهدف من بعثة الأنبياء هو اقامة مجتمع القسط ، أي ان دور الدين وموقعه في المجتمع البشري هو تحقيق واقامة القسط والعدل .

٦- ﴿ شرع لكم من الدين ما وصى به نوحاً والذي أوحينا إليك وما وصينا به ابراهيم وموسى وعيسى أن أقيموا الدين ولا تتفرقوا فيه ... فلذلك فادع واستقم كما أمرت ولا تتبع أهواءهم وقل آمنت بما أنزل الله

---

(١) الحديد : ٢٥ .

٢٧

من كتاب وأمرت لأعدل بينكم﴾[1].

في هذه الآيات هناك اشارة الى العديد من القضايا منها ان مهمة النبي (ص) هو اقامة العدل في المجتمع وان هدف جميع الأديان لاسيما الإسلام هو اقامة القسط والعدل في المجتمع الإنساني كله.

الشق الثاني:

نماذج من أحاديث المعصومين (عليهم السلام):

١- روى الكليني بسند صحيح عن الإمام الصادق (ع) أنه قال:

«ما من شيء إلا وفيه كتاب أو سنة».

٢- وفي رواية صحيحة أخرى أوردها الكليني عن الإمام الكاظم (ع) حين سُئل:

«أكلّ شيء في كتاب الله وسنة نبيه أو تقولون فيه؟ قال (عليه السلام): «بل كل شيء في كتاب الله وسنة نبيه».

٣- وروى الكليني بسند معتبر عن الإمام الصادق (ع) قوله:

«ما من أمر يختلف فيه اثنان إلا وله أصل في كتاب الله عز وجل ولكن لا تبلغه عقول الرجال»[2].

(١) الشورى: ١٣-١٥.

(٢) الروايات المذكورة وكذلك سائر الروايات والاحاديث بنفس المضمون وردت في أصول الكافي المجلد الأول بدءاً من الصفحة ٥٩ في باب «الرد الى الكتاب والسنة وانه ليس شيء من الحلال والحرام وجميع ما يحتاج الناس اليه إلا وفيه كتاب أو سنة».

الفكر السياسي للثورة الإسلامية

عندما يستخــدم مصــطلح الــثورة الإسلامية وتذكر هذه الثورة كحقيقة لا يمكن تجاهلها أو انكارها في عالمنا اليوم فانه يُشـار في الواقع ضمنياً الى ثلاثة أمور سياسية :

ألف ـ الاسلام، أو كحد أدنى الإسلام الذي انطلقت منه الثورة غير منفصل وغير متجزء عن السياسة. فالإسلام دين امتزجت أحكامه بالفكر السياسي وان حذف السياسية من قاموس الإسـلام يعني الغاء هذا الدين وافراغه من مضمونه الحقيقي .

ب ـ الثورة الإسلامية ثورة قامت على الفكر والنهـج السياسي للإسلام .

ج ـ الفكر السياسي للاسلام فكر حيوي وفاعل ويملك اطاراً محدداً وقوياً وأساساً متيناً بحيث يمكن اقامة مشروع ثورة ودولة على أساس هذا الفكر .

ولمعرفة الخطوط العريضة للفلسفة السياسية للثورة الإسلامية نسلّط الضوء على أهم أسس الفكر السياسي للثورة:

١- التمازج بين الإسلام والسياسة

المصادر الإسلامية أكدت في موارد عديدة على حقيقة ان السياسة هي جوهر الرسالات السماوية وان الأنبياء والرسل بعثوا لاقامة الحكم الإلهي وكان هدفهم الأول ان يُنشئوا دولة في مجتمع البشر.

ولتسليط مزيد من الضوء على هذه النقطة ـ ينبغي توضيح عنوانين هما:

«السياسة والنبوة» و«السياسة والامامة».

١- السياسة والنبوة

يستفاد من القرآن الكريم وما رُوي عن نبي الإسلام (ص) وكذلك مما أكده سائر أئمة أهل البيت المعصومين (عليهم السلام) ان جوهر الرسالات السماوية التي حملها الأنبياء والرسل في عهود من التاريخ ينطوي على ركنين:

١ / ١ / ١- اطاعة الحق سبحانه.

١ / ١ / ٢- اتباع أنبيائه ورسله.

ان أصول الدين وفروعه قائمة على هذين الركنين الأساسيين.

التوحيد والعدل والنبوة والإمامة والمعاد وكذلك الصلاة والصيام والحج والجهاد والخمس والزكاة والأمر بالمعروف والنهي عن المنكر والتولي والتبرؤ وسائر الأحكام والمفاهيم والقيم الدينية، كل هذه الأصول والفروع تجتمع في ركني طاعة الحق واتباع رسله.

يقول الله سبحانه في سورة الشعراء: ﴿كذّبت قومُ نوح المرسلين إذ قال لهم أخوهم نوح الا تتّقون اني لكم رسول أمين فاتقوا الله وأطيعون﴾[1].

وشبيه بما جاء في هذه الآية نقل على لسان هود وصالح ولوط وشعيب (عليهم السلام) مما يدل على ان الرسالة التي حملها أنبياء الله سبحانه على مرّ التاريخ هي رسالة عامة وواحدة. وهذه الآيات تؤكد بوضوح الحقيقة التي أشرنا إليها أي ان طاعة الحق سبحانه واتباع أوامر أنبيائه هي الركن الأصيل وجوهر ما جاءت به الرسالات السماوية. وهذه الحقيقة نوهت بها آيات عديدة وبصور شتى حيث ذكرت البعض منها ان مهمة النبي والرسول على مر التاريخ هي اقامة مجتمع القسط.

﴿لَقَد ارسلنَا رُسُلَنا بالبَيّنات وَانزلنَا مَعَهُمُ الكتَاب والميزانَ ليَقُومَ النّاس بالقسطِ﴾[2].

---

(١) الشعراء: ١٠٥-١٠٨.

(٢) الحديد: ٢٥.

وفي موضع آخر يذكر ان الهدف من بعثة الأنبياء والرسل هي طاعة الناس لهم واتباع تعاليمهم:

﴿ وَما ارسلنَا من رَسُول إلا ليُطَاعَ بإذن الله ﴾[1].

اعتبرت الآيات القرآنية في موارد عديدة ان خلاصة الدين وعصارة رسالة الأنبياء (عليهم السلام) هي هدايتهم الناس واقامتهم العدل في الأرض:

﴿ كَانَ النّاسُ أمَةً واحدةً فَبَعَثَ الله النّبيينَ مُبَشّرينَ ومُنذرينَ وأنزلَ مَعهُم الكتابَ بالحقّ ليَحكُمَ بين النّاس فيما اختلفُوا فيه ﴾[2].

﴿ إنّا أنزلنَا التَوراة فيها هُدى ونور يَحكُمُ بهَا النّبيّون الذينَ اسلَمُوا للذينَ هَادُوا والربّانيّونَ والأحبارُ بِمَا استحفظُوا من كتابِ الله وكَانوا عَليه شُهداء ﴾[3].

وكذلك في آيات أخرى نجد تأكيداً حول ان رسالة النبي الكريم(ص) الأساسية هي اقامة العدل وايجاد مجتمع القسط.

﴿ وأنزلنَا إليكَ الكتَابَ بالحقّ مُصدقاً لما بينَ يَديه من الكتابِ ومُهيمناً عليه فاحكم بَينَهُم بما أنزل اللهُ ولا تَتّبع أهواءهم ﴾[4].

---

(١) النساء: ٦٤.

(٢) البقرة: ٢١٣.

(٣) المائدة: ٤٤.

(٤) المائدة: ٤٨.

﴿ وامَرتُ لأعدل بَينكُم ﴾[1] .

ومن خلال النظر في هذه الآيات نستنتج ان رسالة الأنبياء على مر التاريخ ومن وجهة نظر القرآن والإسلام تتجسد في اقامة حكومة العدل والقسط والتي هي حكومة القانون والشريعة الإلهية وتعاليم الكتاب بزعامة الأنبياء والمبعوثين والرسل .

ويؤكد القرآن والاسلام ان سعادة الإنسان ترتبط باجراء مناهج العدل والتعاليم التي وصلت الى البشر عن طريق الأنبياء . وعلى هذا الأساس تكون الطاعة للأنبياء والزعامات الإلهية واجبة على الناس . وان السياسة واقامة الدولة هي العصارة والجوهر في النبوات والرسالات لاسيما في رسالة النبي(ص) .

وفي الواقع ان رسالة الأنبياء وعلى رأسهم رسول الإسلام(ص) لا تعدو ان تكون سياسة العدل والقسط واقامة دولة الحق على الأرض .

وقد جاء هذا المعنى مراراً على لسان الإمام الخميني(رض) وفي بحوثه وتأليفاته حيث يقول في كتاب (البيع) :

«بل يمكن ان يقال : الإسلام هو الحكومة بشؤونها والأحكام قوانين الإسلام وهي شأن من شؤونها . بل الأحكام مطلوبات بالعرض ، وأمور آلية لاجرائها وبسط العدالة»[2] .

---

(١) الشورى : ١٥ .

(٢) كتاب البيع ، المجلد الثاني ، الصفحة : ٤٦٠ .

٢/١ السياسة والامامة

يمكن بحث أصل الإمامة عند الشيعة في ثلاثة أبعاد:

١ / ٢ / ١- البعد الفلسفي الذي يبين موقع الإمام ودور الإمامة في نظام الوجود.

١ / ٢ / ٢- البعد الكلامي الذي يكشف عن موقع الإمام ودور الإمامة في النظام العقيدي.

١ / ٢ / ٣- البعد القانوني الذي يحدّد موقع الإمام ودور الإمامة في النظام القانوني والحقوقي للإسلام.

والذي يمكن طرحه في سياق هذا البحث هو البعد الثالث للإمامة عند الشيعة. إذ ان الإمامة في نظام الحقوق السياسيّة للإسلام وفي اطار الفكر الشيعي تعنى المرجعية التي تأخذ على عاتقها توضيح وبيان الأحكام الخاصة بالنظام الإسلامي وتطبيق هذه الأحكام في جميع جوانب الحياة. ولذلك فأنه من وجهة نظر الفكر الشيعي أو كما يعبّر عنه الإمام الخميني (رض) بالإسلام المحمدي الأصيل، يعتبر الرسول (ص) مرجعاً لبيان الأحكام ومرجعاً كذلك لتطبيقها سواء في المسائل التنفيذية أو الشؤون القضائية وكذلك تكون هذه المرجعية للإئمة من بعد الرسول(ص) في كل ما كان يرجع فيه الى النبي(ص) سواء على صعيد بيان الأحكام والتعاليم الإسلامية أو اجراء هذه الأحكام وتطبيقها.

المعيار في هذه المرجعية هي العدالة والعلم. ولما كان الأئمة من

أهل البيت (عليهم السلام) في أعلى مرتبة من العدالة أي العصمة وكانوا قد ورثوا من النبي(ص) كل العلم الذي يُمكنهم من تفسير وتوضيح التعاليم والأحكام الاسلامية وكذلك حظوا بعناية خاصة من الله سبحانه فهم الطرف الوحيد الذي يصلح لأن يتولى الإمامة والمرجعية بعد الرسول(ص).

وقد أكّد القرآن الكريم هذه المرجعية للأئمة (عليهم السلام) بعد النبي (ص) في محكم آياته حيث يقول عز من قائل:

﴿أطيعُوا الله واطيعُوا الرّسول وأولي الأمر منكُم﴾[1].

ويقول عز وجل:

﴿إنّما وليُّكم الله ورَسولهُ والذين آمنوا الذين يُقيمُون الصلاةَ ويؤتُون الزّكاة وهُم راكعُون﴾[2].

وفي موضع آخر نقرأ أيضاً:

﴿وإذا جاءهُم أمرٌ من الأمن أو الخوف أذاعُوا بهِ ولو رَدُّوه الى الرّسُول وإلى أولي الأمر مِنهُم لعَلمهُ الذين يَستنبطونَهُ مِنهُم﴾[3].

وروي عن الرسول (ص) أنه قال:

«اني مخلف فيكم الثقلين، كتاب الله وعترتي، ما إن تمسكتم

(١) النساء: ٥٩.

(٢) المائدة: ٥٥.

(٣) النساء: ٨٣.

بهما لن تضلوا بعدي أبدا، وإنهما لن يفترقا حتى يردا علي الحوض»[1].

هذه الوثائق تؤكد ان مهمة الإمامة والمرجعية قد وكلت للأئمة بعد الرسول(ص) أي انهم مسؤولون عن بيان أحكام الإسلام وتطبيقها في إثر رحيل النبي(ص)؛ الأحكام التي تشكل السياسة فيها الأساس والجوهر. وبعبارة أخرى فان مسؤولية إقامة العدل والقسط في المجتمع وزعامة الدولة العادلة بعد النبي(ص) تقع على عاتق الأئمة الذين يخلفون النبي (ص) في كل ما كان يتولاه في حياته أي بيان أحكام العدل والقسط وكذلك تنفيذ هذه الأحكام.

وفي ضوء ما ذكرناه يتبين ان خلافة الأئمة للنبي(ص) تعود الى أهليتهم في بيان أحكام الإسلام من جهة وأهليتهم في تطبيق هذه الأحكام من جهة أخرى.

أهليتهم في بيان الأحكام تستند الى علمهم الإلهي وما تلقوه من الرسول (ص) وأهليتهم في تطبيق الأحكام تستند الى عصمتهم والمرتبة العالية لعدالتهم المسدّدة إلهياً.

وفي الظروف التي يفتقد المجتمع الإسلامي فيها ممارسة الأئمة المعصومين (عليهم السلام) لقيادة المجتمع ممارسة فعلية مباشرة بسبب غيبتهم المكانية أو الزمانيّة فأن مسؤولية خلافة الرسول (ص) والأئمة المعصومين(عليهم السلام) في بيان الأحكام الإسلامية وكذلك تطبيقها

(١) المستدرك للحاكم النيسابوري، المجلد الثالث، الصفحة ١٤٨.

تقع على عاتق أشبه الناس بالأئمة من الناحية العلمية والعملية وأكثرهم قدرة على بيان أحكام الإسلام وهم العلماء العدول أو الفقهاء الصالحون.

وقد ورد عن الأئمة المعصومين في روايات صحيحة ومعتبرة من ناحية السند تأكيد بشأن استخلاف الفقهاء العدول وتأهلهم لمقام المرجعية في بيان وتوضيح الأحكام والتعاليم الإسلامية وكذلك مرجعيتهم في تطبيق الأحكام العادلة في المجتمع. وجاء في رواية صحيحة عن عمر بن حنظلة ينقل فيها عن الإمام الصادق قوله (ع):

«ينظر ان من كان منكم ممن قد روى حديثنا ونظر في حلالنا وحرامنا وعرف أحكامنا فليرضوا به حكما، فإني قد جعلته حاكماً»[1].

وكذلك جواب الإمام المهدي (ع) على سؤال لاسحاق بن يعقوب يتعلق بهذا الموضوع بالذات حيث يقول(ع):

«أما الحوادث الواقعة فارجعوا فيها الى رواة حديثنا فإنهم حجتي عليكم وأنا حجة الله»[2].

وفي روايات عديدة أخرى نجد تركيزاً مباشراً أو غير مباشر على زعامة الفقهاء العدول ومرجعيتهم بعد الأئمة المعصومين(عليهم السلام).
وكثير من الفقهاء يرون أنه لا حاجة للدليل النقلي لاثبات المرجعية السياسيّة وسلطة الفقيه العادل في زمن غيبة المعصوم ويعتقدون أن

---

(١) وسائل الشيعة، المجلد الثامن عشر، الصفحة ٩٩.

(٢) وسائل الشيعة، المجلد الثامن عشر، الصفحة ٩٩.

الأساس البديهي لضرورة وجود الدولة من جهة والمبدأ الإسلامي الثابت القائل بوجوب اسلامية الدولة أي ضرورة تطبيق الدولة لأحكام الإسلام في جميع شؤون المجتمع من جهة أخرى يمثلان الدليل العقلي والمنطقي لاثبات حاكمية الفقهاء في زمن غيبة المعصوم وذلك بأن يتولى زمام الحكم بعد الأئمة المعصومين أشخاص لديهم العلم والمعرفة الكافية بأحكام الإسلام ـ التي تشمل جميع شؤون الحياة وادارة أمور المجتمع ـ وبأن يكون لديهم من ناحية ثانية الأمانة والاستقامة اللازمة لتطبيق هذه الأحكام؛ وبالطبع يعتبر الفقهاء العادلون الذين يملكون الكفاءة السياسية والادارية أفضل مصداق للأشخاص المؤهلين لخلافة الأئمة (عليهم السلام).

ويتبين مما تقدم ان التمازج بين الإسلام والسياسة وما يعتقده الإسلام المحمدي الأصيل استناداً الى المصادر الإسلامية بشأن عدم الفصل بين السياسة وأحكام الدين الإسلامي يشكلان في الواقع أهم أركان الفكر الإسلامي كما يمثلان أهم الأسس والمبادئ للفكر السياسي للثورة الإسلامية.

ومن المفيد أن نذكّر ان سلطة الفقيه العادل وولايته التي تعد محوراً أساسياً في فكر الثورة السياسي هي نظرية تنسجم مع جميع التصورات والمنطلقات الفكرية لشتى الاتجاهات والتيارات المؤمنة بالمشروع الإسلامي لأن هذه الاتجاهات أو التيارات التي لا تعتقد بنظرية ولاية الفقيه، تطرح شروطاً أقل وأدنى لأهلية من يتصدى لأمور الدولة

وادارة شؤون المجتمع الإسلامي ولا يرون خللاً في حاكمية الفقيه العادل وشروط أهليته لتولي زعامة المجتمع .

فطبقاً للأصول والمبادئ الإسلامية وكذلك استناداً للمبادئ العقلية تعني ولاية الفقيه العادل الكفوء حكومة الأفضل (الأعلم والأعدل) وان حكومة الأفضل لا تتعارض مع أي دليل عقلي أو نقلي وانما هو مبدأ يتفق عليه العقلاء والمتشرعون على السواء . وما يختلف بشأنه بين المعتقدين بهذه النظرية ومعارضيهم هو ضرورة رعاية شرطي الفقاهة والعدالة في الحاكم او حاجة الدولة في مشروعيتها الى هذين الشرطين و ما يملكه الحاكم من مشروعية الحكم دونهما او دون احدهما .

وباختصار شديد فان مشروعية ولاية الفقيه العادل الكفوء ليست موضع اختلاف ونزاع بين المتشرعة والعقليين وانما الذي يتنازع فيه بينهم هو مشروعية الحكم لغير الفقيه العادل .

وهذا الموضوع بحد ذاته يشكل مبدءاً استدلالياً آخر لاثبات مشروعية وأولوية سلطة الفقيه العادل الكفوء لأن مشروعية سلطة الفقيه العادل الكفوء تحظى باتفاق الجميع سواء العقليين او المتشرعة او بعبارة اخرى فان ولاية الفقيه العادل هو القدر المتيقن من الدولة المشروعة وما سواه هو موضع الشك وهذا يكفي لاثبات ضرورة هذا النوع من الحكم .

٢- موقع الشعب ودوره في الفكر السياسي للثورة

بعد التفصيل الذي أوردناه في اطار مبدأ التمازج بين الاسلام والسياسة من الضروري ان نتطرق هنا الى موقع الشعب ودوره في الفكر السياسي للاسلام حيث نلحظ في القرآن الكريم وكذلك في روايات المعصومين (عليهم السلام) تأكيدا على ان الدولة الاسلامية هي نظام سياسي قائم على رأي الشعب ومن دون ذلك لا يمكن ان تتحقق هذه الدولة.

ومن هنا يمكن تسليط الضوء على موقع الشعب ودور الانتخاب والتصويت العام في اطار الفكر السياسي الاسلامي وذلك ضمن نقطتين:

١/٢- الدولة والقيادة في الفكر السياسي مسؤولية وليس شأناً او امتيازاً؛

يعني ذلك أن الفكر الإسلامي يعتبر المهام التي توكل الى من يتولى زعامة المجتمع مسؤولية وعبأً كبيراً يتحمله هذا الشخص وعليه أن يكون مسؤولاً امام الله وامام الشعب حول مستوى ادائه لمتطلبات المسؤولية التي أوكلت اليه ومقتضياتها.

يقول الباري عزوجل في هذا الصدد:

﴿ فلنسألن الذين ارسل إليهم ولنسألن المرسلين ﴾[١].

وقد جعل القرآن الكريم اداء هذه المسؤولية أي القيام بمسؤولية

---

(١) الاعراف: ٦.

القيادة وادارة شؤون المجتمع مقترناً ومشروطاً بارادة الشعب ورغبته أي انه اذا اعرض الناس عن الأنبياء والأئمة ولم يتعاونوا معهم فان الانبياء والائمة لا يتحملون مسؤولية في هذه الصورة . ورغم أن الانبياء والائمة مكلفون باقامة العدل والقسط في المجتمع البشري الا ان ذلك مشروط بايمان الناس بنهجهم وما يقدمونه من النصرة لهؤلاء القادة .

واذا ما اعرض اكثرية المجتمع عن الانبياء والائمة وامتنعوا من اتباع تعاليمهم وأوامرهم ولم يتعاونوا معهم في اقامة دولة القسط والعدل فان الزعامات الالهية غير مسؤولة عن ذلك . ونجد جملة من الآيات تشير الى هذا المعنى :

﴿ لا إكراه في الدين قد تبين الرشد من الغي ﴾[1] .

﴿ انلزمكموها وانتم لها كارهون ﴾[2] .

﴿ وما انت عليهم بجبار ﴾[3] .

﴿ ولو شاء ربك لآمن من في الأرض كلهم جميعاً افانت تكره الناس حتى يكونوا مؤمنين ﴾[4] .

وروي عن امير المؤمنين (ع) :

---

(١) البقرة : ٢٥٦ .

(٢) هود : ٢٨ .

(٣) ق : ٤٥ .

(٤) يونس : ٩٩ .

٤١

«أما والذي فلق الحبة وبرأ النسمة، لولا حضور الحاضر وقيام الحجة بوجود الناصر وما أخذ الله على العلماء ألا يقاروا على كظة ظالم و لا سغب مظلوم لألقيت حبلها على غاربها، ولسقيت آخرها بكأس أولها»[١].

فيما تقدم اشارة واضحة الى النقطتين اللتين أشرنا اليهما في بداية هذا الفصل أي النظر الى الحكومة والولاية باعتبارهما مسؤولية من جهة ومن جهة ثانية ان القيام بهذه المسؤولية مشروط بحضور الناس ونصرتهم للانبياء والائمة.

اذن ارادة الشعب شرط اساسي في تحقيق هذه المسؤولية وعلى هذا الاساس تعتمد الدولة الاسلامية على آراء الشعب وارادته وبالطبع فان الشعب هو الآخر مسؤول عما يختاره.

«فلنسألن الذي أرسل إليهم».

الناس مسؤولون لكي يختاروا المنهج الصحيح وان يبايعوا النبي (ص) او الامام.

فكما ان هناك مسؤولية يتحملها الرسل والائمة في مقابل الناس، هناك مسؤولية يتحملها الناس في مقابل قياداتهم الدينية وعليهم ان يقدموا اليهم الدعم والنصرة وان يتبعوا تعاليمهم واوامرهم. وبهذا المعنى يكون

---

(١) نهج البلاغة، الخطبة الثالثة (الشقيقة).

الناس اساساً لوجود الدولة، والحق سبحانه اساساً لمشروعيتها .

ان الشعب في اطار الفلسفة السياسية للثورة يمثل الاساس لموجودية هذه الثورة والدولة الاسلامية أي ان الاعتماد في مراحل اندلاع الثورة الاسلامية وديمومتها وكذلك في مرحلة تأسيس الدولة هو على ارادة الامة واختيارها، ومن ناحية اخرى فان مشروعية الثورة والدولة الاسلامية تستند الى التعاليم والتشريعات الالهية لان الحكم والسلطة والامر والنهي من صلاحياته التي ينفرد بها سبحانه .

«له الخلق والأمر» .

ان الاستناد الى الشعب في اطار موجودية الدولة والى الباري عز وجل في حيز مشروعيتها اساسان لم يؤكد عليهما القرآن الكريم وسائر المصادر الاسلامية فحسب وانما يعتبرها العقل افضل وانسب المعايير التي يمكن تصورها لايجاد الدولة وممارسة السلطة في المجتمع .

فالدولة التي تريد ان تطبق القسط والعدل وتهدي افراد المجتمع الى الخير والفضيلة يجب ان تقوم بارادة الناس واختيارهم . والدولة التي تفتقد الدعم الشعبي لا يمكنها اقامة القسط والعدل في المجتمع وفي المقابل يمكن تحقيق هذا المهم اذا تمتعت الدولة بالدعم والتأييد والنصرة من جانب الشعب وعامة المجتمع .

ومشروعية الدولة والسلطة هي الاخرى لا يمكن ان تنشأ عن غيره سبحانه لان الدولة والسلطة حصيلة ارادة الناس واختيارهم وكل اختيار

وانتخاب ينبغي ان يقوم على اساس العدل والقسط، ويقتضي ذلك ان يكون هناك معيار قبل كل انتخاب واختيار يقاس به العدل ولا يتطرق اليه النقص والخطأ ولكي يتم بموجبه انتهاج طريق الحق والعدالة. والمعيار الوحيد الذي لا مجال للنقص والخطأ فيه هو الله سبحانه الذي هو حقيقة العدل ومحوره. ولذلك فان الباري عز وجل هو المصدر الوحيد الذي يحدد لكل اختيار معيار الاحقية والمشروعية؛ وكل معيار لا يستند اليه سبحانه معرض للخطأ ويحتاج بدوره الى معيار آخر لتعديله واصلاحه.

إنّ الله سبحانه الخالق للبشر ولسائر الكائنات هو الاعلم بما هو خير وحسن وصالح وهو المنزه عن الخطأ والنقص ولذا فهو المعيار الاهم والأوحد الذي يمكن الاستعانة به في اختيار الافضل والاحسن.

ومن هنا فان أساس المشروعية ومنطلقها في كل اختيار وانتخاب هو رضا الله سبحانه واذنه وامره.

وخلاصة القول ان الثورة والدولة الاسلامية تستندان في وجودهما الى رأي الشعب وارادته وتستندان في مشروعيتهما الى الاذن الالهي والى التعيين والنصب الالهيين.

٣- التفاوت بين الدولة الاسلامية ودولة الاستبداد والدولة الديمقراطية

٣ / ١ – التفاوت بين الدولة الاسلامية ودولة الاستبداد.

هناك امران اساسيان يعكسان وجه التمايز بين الدولة الاسلامية وبين الحكم الاستبدادي.

٣ / ١ / ١ – الدولة المستبدة تقوم على اساس القوة والقهر فيما تقوم الدولة الاسلامية على اساس اختيار الشعب وارادته. وهذا ما صرح به دستور الجمهورية الاسلامية الايرانية في مقدمة اصوله:

«ومع ملاحظة واقع هذه النهضة الكبرى فان الدستور يضمن زوال كل الوان الديكتاتورية الفكرية او الاجتماعية او الاحتكار الاقتصادي ويضمن الخلاص من عودة الاستبداد ومنح الشعب حق تقرير مصيره بنفسه».

وجاء في الاصل السادس للدستور:

«يجب ان تدار شؤون البلاد في الجمهورية الاسلامية الايرانية بالاعتماد على رأي الامة الذي يتجلى بالانتخاب».

٣ / ١ / ٢ – الدول المستبدة او الديكتاتورية تفتقد الى المشروعية ولا يوجد أي معيار للاحقية والمشروعية يبرر هذا النمط من الدول ويظل السؤال المطروح في كل الحكومات الديكتاتورية والمستبدة ما هو الاساس الشرعي الذي خوّل للحاكم المستبد أن يتدخل في شؤون الناس

والمجتمع وان يفرض أوامره عليهم؟!.

٣/٢ - التفاوت والتمايز بين الحكم الاسلامي والحكم الديمقراطي

ان وجه التمايز بين الحكم الإسلامي والحكم الديمقراطي في ان نظام الحكم الديمقراطي يجعل اساس موجوديته اساساً لمشروعيته وفي الواقع فان مسألة المشروعية قد تم السكوت عنها او تجاهلها عن عمد او عن سهو.

الديمقراطية تجعل وجود الحكم قائماً على اصوات الشعب ولكنها لا تأتي بدليل وأساس لمشروعية نظام الحكم.

المشروعية والاحقية تعني العدالة وسلامة العمل وصحته وبالطبع فأن اصوات الشعب مهما بلغت نسبتها ومهما احاط بها من ظروف لا تملك ضماناً لسلامة النتائج التي تحققها وعدالتها وصحتها. وبعبارة اخرى فانه لا يوجد أي دليل على تطابق اصوات الشعب مع العدل والانصاف وصحة العمل وسلامته.

ومهما كانت الظروف فان احتمال ان ينتهج الناس الطريق الخاطئ وان يخطأوا في الاختيار قائم.

ان احتمال تأثر الناس بالعوامل التي تسبب الانحراف والضلال

وارد جداً وهو امر متوقع ولا يوجد دليل على نفي احتمال وقوعه.

وإنّ نظرة عابرة وسريعة الى التاريخ يكفي لاثبات ما نقول.

اذن الاستناد الى اصوات الشعب لا يبرّر الشرعيّة ولا يضمنها وانما هو اساس لموجودية الحكم. والنظام الذي يعتمد على اصوات الشعب يملك مبررات وجوده ولكن هذا الجانب ليس كافياً لكي يكون نظام الحكم عادلاً. الحكم الاسلامي يحظى بهذا الامتياز امام الحكم الديمقراطي لانه يملك مبرر وجوده وذلك بالاستناد الى أصوات الشعب ويملك أسساً واضحة جداً لمشروعيته التي تستند الى الاذن الالهـي والاوامر الالهية.

ان ركني نظام الحكم في الاسلام وهما القيادة والتشريـع كلاهما نابعان من الوحي الالهي. ان الزعامة الالهية منصوبة من الله سبحانه بشكل مباشر او غير مباشر وتشريع الدولة يهبط عن طريق الوحي الى النبي الأكرم (ص) ويتم تفسيره وبيان احكامه من قبل النبي (ص) وسائر الائمة (ع) وبهذه الطريقة يحصل البشر على تراث ضخم من التشريعـات الحكومية والتعاليم الخاصة باسلوب تحقق العدالة في المجتمع البشري.

ومما تقدم من الاشارة الى بعض اصول الفكر السياسي للثورة الاسلامية يتضح ان الثورة الاسلامية ومن ثم الحكم الاسلامي المتمثل اليوم رسمياً في نظام الجمهورية الاسلامية قد انطلقا من الفكر السياسي للاسلام. الفكر الذي يعتبر عامة المجتمع وبشكل خاص النخب المثقفة

والعناصر المؤثرة في هذا المجتمع مسؤولة امام الوضع العام للمجتمع وبالذات امام الاوضاع السياسية فيه .

فيدعوهم هذا الفكر من جهة الى نفي الظلم والاستبداد ومقارعة كل اشكال التمييز واللاعدالة ويكلفهم من جهة اخرى بان يبذلوا قصارى جهدهم لاقامة القسط والعدل ونشر الفضيلة والخير والصلاح .

الفكر السياسي للاسلام يلزم من ناحية القادة العدول بان يدعو الناس الى مواجهة الظلم واقامة العدل والقسط والفضيلة ويعتبرهم مسؤولين عن مصير كل فرد في المجتمع ـ ضمن حدود قدراتهم وامكانياتهم ـ، وفي الوقت ذاته يطلب من جميع الفئات والطبقات في المجتمع منح تأييدهم الكامل للزعماء الصالحين والقادة الابرار العالمين بموازين العدل والقسط على الصعيد النظري والكفوئين على صعيد تطبيق هذه الموازين .

ويرى هذا الفكر ايضاً ان افراد الشعب مسؤولون حيال تقرير مصيرهم ومصير غيرهم من الافراد داخل المجتمع .

وفي هذا المجال يمكن الاستناد الى رواية من الرسول (ص) حيث قال : «كلكم راع وكلكم مسؤول عن رعيته» كما نجد في كتاب الله قوله تبارك وتعالى :

﴿ فلنسألن الذي ارسل اليهم ولنسألن المرسلين ﴾ .

وفي الخاتمة تجدر الاشارة الى ان اندلاع الثورة الاسلامية واقامة

الحكم الاسلامي في ايران وتبلور مؤسسات هذا الحكم الرسمية واستقرار
مجتمع جديد بمعايير الثورة الاسلامية وما حققته الامة من حضور فاعل
على الصعيد العالمي واداء متفوق في ادارة شؤون المجتمع رغم الظروف
التاريخية المعقدة التي مرت بها ، كل ذلك دليل واضح وشاهد قوي على
قدرة وكفاءة وفاعلية الفكر السياسي للثورة الاسلامية .

وهذه القضية لا تقل أهمّية عن اصل وجود الثورة والنظام الاسلامي
المنبثق عنها .

موقع الشعب في نظام الحكم الاسلامي

موقع الشعب في نظام الحكم الاسلامي (١)

يمكن التعرف على موقع الشعب والفكر السياسي للاسلام من خلال المرتكزات التالية:

١ - الأسس العقلية للدولة:

بموجب ما يقرّه العقل النظري وكذلك العقل العملي فانّ الدولة في اي من المجتمعات وفي الأمكنة والعصور المختلفة تقوم على أصلين أساسيين، السلطة والشرعية. لأنّ الدولة من دون سلطة ليست دولة في الأساس، والدولة التي لا شرعية لها فهي لا يعدو كونها ظلماً. وبعبارة أخرى فانّ العقل النظري يقضي بوجوب امتلاك الدولة للسلطة لاقامة النظام في المجتمع، فيما يقضي العقل العملي بضرورة وجود الشرعية للدولة (أي امكانية تحقيقها للعدل في المجتمع).

العقل النظري يرى انّ مع غياب السلطة لا تقام الدولة، ولا تدوم.

(١) نشر هذا المقال كفصل من كتاب «اساس الحكم في الاسلام» للمؤلف وقد ارتأينا نشره من جديد ضمن هذه المجموعة نظراً لأهميّته في تحديد الهيكل النظري لأسس الدولة الدينية.

بمعنى انّ الدولة تحتاج الى عنصر السلطة في نشوئها وبقائها على حد سواء فسلطة الدولة هي التي تضمن وجود هذه الدولة ابتداءً وبقاءً.

امّا العقل العملي أي الوجدان العقلي فيقضي بوضوح انّ الدولة يجب ان تتصف بالعدالة حتى تكتسب شرعيتها. والدولة التي لا تقام على أساس من العدل فهي تفتقد الى الشرعية، والدولة التي لا شرعية لها هي في الواقع ظلم يستنكره العقل العملي ولا يقرّ به.

٢- مصدر السلطة في الدول

اذا اتفقنا على انّ السلطة والشرعية ركنان أساسيان للدولة من منظار العقل فانّنا يجب ان نبحث في كيفية استحصال هذين الركنين للدولة وأي الطرق والمناهج أنسب وأفضل لتأمين وضمان هذين الركنين الأساسيين.

نبحث في بداية الأمر في الركن الأول، وهو السلطة، حيث هناك نوعان من الاجابة للردّ على سؤال بشأن ما يستحق ان يكون مصدراً للسلطة في الدولة.

أ- السلطة قد تأتي عن طريق الجبر والاكراه، أي ان تتكون خارج ارادة الشعب، وفوق ارادته بمعنى ان تعتمد الدولة على سلطة لا علاقة لها بارادة الشعب عندما تفرض سيادتها على المجتمع.

انّ الوصول الى السلطة من خلال هذا النهج، واقامة الدولة مرفوض

من قبل الشريعة الاسلامية، وهناك آيات عديدة تؤكد باستمرار ان القادة والزعماء الذين حملوا الرسالات الالهية كانوا مكلّفين بدعوة الناس لنصرتهم، ونيل تأييدهم، ودعمهم لكي يكونوا مطيعين لتعاليمهم من أجل اقامة الدولة العادلة، دولة القانون، لا ليحكموا الناس بالقوة دون ان يكون للشعب اختيار، أو ارادة في ذلك.

يقول عزّ من قائل:

﴿ ولو شاء ربك لآمن من في الأرض كلهم جميعاً، أفأنت تكره الناس حتى يكونوا مؤمنين ﴾[1] .

ففي القرآن الكريم شواهد كثيرة تثبت انّ المقصود من الايمان في هذه الآية وفي عدد كبير من الآيات الأخرى هو الاذعان بالطاعة والتبعية لهؤلاء القادة حملة الرسالات، والخضوع لدولة الحق الالهية. وليس المقصود من الايمان الاقرار بأصول الدين، واعلان قبول الأحكام والقوانين الالهية.

ومن جملة هذه الشواهد الآيات التالية:

﴿ واذكروا نعمة الله عليكم وميثاقه الذي واثقكم به اذ قلتم سمعنا وأطعنا ﴾[2] .

وكذلك قوله تعالى:

﴿ ويقولون آمنا بالله وبالرسول وأطعنا ثم يتولى فريق منهم من بعد ذلك وما أولئك بالمؤمنين ﴾[3] .

---

(١) يونس: ٩٩.

(٢) المائدة: ٧.

(٣) النور: ٤٧.

ويقول الباري عزّ وجلّ أيضاً:

﴿لا اكراه في الدين قد تبيّن الرشد من الغي﴾[1].

﴿فذكّر انّما أنت مذكر لست عليهم بمصيطر﴾[2].

من هذه الأيات، ومن غيرها يستفاد انّ الاسلام لا يقرّ استخدام القوة ويرفض أسلوب الاكراه أو استخدام القوة كسلطة خارج ارادة الشعب واختياره لاقامة دولة الاسلام ومجتمعه.

ويعتبر ذلك أمراً منتفياً من الأساس، ولم يسمح الباري عزّ وجلّ لأنبيائه ان يقيموا الدولة، أو يؤسسوا مجتمعاً يقوم على أساس التعاليم الالهية عبر استخدام القوة والسلطة الخارجتين على ارادة الناس والأمّة.

هذه القضية تقتصر بطبيعة الحال على بداية تأسيس المجتمع الديني، واقامة دولة القانون والعدالة وما ان قامت الدولة بارادة الامة وتأييد عموم المجتمع حتى يصبح من واجب الزعماء الرساليين بما أوتوا من سلطة على أساس ارادة الشعب ان يسهروا من أجل الحفاظ على القانون والعدالة داخل المجتمع الاسلامي عبر الأمر بالمعروف والنهي عن المنكر، ويعكفوا على حراسة كيان المجتمع والدولة الاسلامية، وبسط العدل والخير والصلاح في أنحاء المعمورة عبر التبليغ ودعوة المجتمعات البشرية الى العدالة والتقوى، واستخدام القوة والسلطة تحت عنوان الجهاد

(١) البقرة: ٢٥٦.

(٢) الغاشية: ٢١-٢٢.

اذا دعت الضرورة للاطاحة بسلطة الظالمين وتسلطهم على رقاب البشر والمستضعفين.

وكما يقرّ الشرع بذلك فانّ العقل هو الآخر يقضي بأن يُقام صرح العدل في المجتمع اعتماداً على ارادة الشعب واختياره، بمعنى انه اذا غابت الارادة الجماعية فانّه ليس بمقدور أحد اقامة العدالة الاجتماعية.

وعلى هذا الأساس فانّ قيام دولة العدل في مجتمع ما يعتمد أساساً على اختيار الشعب وارادته وهذا ما يقرّه الشرع والعقل معاً.

الامام الخميني (رضوان الله عليه) يؤكّد في هذا المضمار قائلاً:

«الدولة الاسلامية غير منفصلة عن الشعب. فهي جزء من الشعب ومن هذه الجماعة»[1].

ويقول أيضاً:

«انّ من الحقوق الأساسية لكل شعب هو حقّه في تقرير مصيره، وتحديد نوع وشكل الدولة التي يريدها».

ويبدو من هاتين العبارتين للامام الراحل انه يريد الاشارة من خلالهما الى نفس القضية المطروحة آنفاً.

العبارة الاولى تشير الى وجهة نظر الشرع الاسلامي في خصوص شعبية الدولة، والعبارة الثانية تشير الى حكم العقل في هذا المجال اذ

---

(١) صحيفة نور، ج٧، خطاب الامام في لقائه بحرس الثورة بتاريخ ١٢ / ٤ / ١٣٥٨ هجرية شمسية.

يوجب العقل العملي هذا الحق للناس بان تكون دولتهم عادلة ويقضي العقل النظري هو الآخر بانّ اقامة دولة العدل لا يمكن من دون ارادة جماعية.

ب- من مجموع ما ذكر تتوضح لنا الاجابة الثانية على ما ينبغي ان يكون المصدر لسلطة الدولة. وهي انّ سلطة الدولة سواء من منظار العقل أو في اطار الشريعة الاسلامية لابد ان تنبثق وتنبع من ارادة الشعب، والمقصود من ارادة الشعب هنا هو ارادة المجتمع التي تتحقق في صور مختلفة وأشكال متفاوتة حسب الظروف والمتطلبات التي يفرضها المكان والزمان.

الامام الخميني يقول في هذا الصدد أيضاً:

«ان الدولة التي تحظى بدعم الشعب لن تواجه السقوط، والنظام الذي يسنده الشعب لن يلحقه الزوال»[1].

ويقول كذلك: «انّ من الحقوق الأساسية لأي شعب هو حقّه في تقرير مصيره، وتحديد نوعية الحكم والدولة التي يريدها»[2].

وسوف نوضّح انّ حق تقرير المصير لا يعني انّ الشعب متحرر من أية مسؤولية في طبيعة المصير الذي يقرره لنفسه، وانّ ما يختاره هو الحق

(١) المصدر نفسه.

(٢) نفس المصدر، ج٣ ص٤٢، صحيفة «الفايننشال تايمز» مع الامام الخميني بتاريخ ١٨/٨/١٣٥٨ هجرية شمسية.

والعدل والصواب في كل الأحوال وانّما يعتبر الشعب في وجهة نظر العقل والشرع مسؤولاً عن حقّه هذا في ان يوظفه في طريق الحق والصواب وان يختار ما هو صواب وعدل، وان يحذر من انتخاب ما لا صواب فيه ولا يتلائم مع العدل في معايير العقل أو الشرع.

حق تقرير المصير هو نظير لحق الملكية. فمن يتملّك شيئاً فلهُ حقّ التصرف فيه، وهذا الحق هو نوع من تقرير مصير ذلك المال.

ولكن امتلاك مثل هذا الحق لا يعني انّ المالك بمنأى عن المسؤولية ازاء ما تحت يده من أموال وكيفية التصرف بها. فالمالك رغم ما لديه من حق التصرف في المال فانّه مسؤول عن صرف أمواله في طريق الحق والصلاح، ولا ينبغي ان ينفق ماله في طريق لا خير فيه ولا صلاح.

حق تقرير المصير هو الحق الذي يقرّه العقلاء لكل فرد من البشر كما يقرّون له حق التصرف بأمواله وملكيته. وهذا الحق العقلائي لا يعني أبداً انّه خارج عن قواعد تضبطه وعن المسؤولية التي تحدّد له طبيعة ممارسته في أرض الواقع.

٣- مصدر الشرعية في الدولة

بيّنا آنفاً انّ الدولة ترتكز على قاعدتين أو ركنين أساسيين هما السلطة والشرعية وان لكليهما مصدراً ومنشأ تستندان اليه، وقد أوضحنا

المصدر الذي تنشأ عنه السلطة فيما نسلّط الضوء هنا على مصدر الشرعية.

قبل كل شيء يجب ان يتوضّح لنا مفهوم الشرعية التي نتحدث عنها، فالشرعية تعني الأهلية والاستحقاق. وهذه الأهلية أو الاستحقاق اذا كانتا منبثقتين من العقل فأننا نصفهما بالحكم العقلي، والعقل الذي يدرك هذه الاحكام نطلق عليه بالعقل العملي. وأمّا اذا كان منشأ الأهلية الشرع فانّنا نسميها حكماً شرعياً، ومصدرها الكتاب والسنة، رغم انّ العقل في نظر علماء الامامية هو العقل الذي يكشف عن الحكم الشرعي، والعقل العملي بالتالي يُعدُّ شارحاً لمقاصد الكتاب والسنة، ومصدراً لتحديد الحكم الشرعي الى جانب الكتاب والسنة.

الشرعية تعني الأهلية وهي تتساوى مع مفهوم العدل كذلك. كما انّ عدم الشرعية تعني الظلم. العدل والظلم مفهومان كلاميان وقانونيان يتلازمان مع الشرعية واللاشرعية والأهلية وعدم الأهلية.

العقل العملي يقضي بضرورة ان تكون الدولة عادلة كما يحكم بضرورة وجود الأهلية والشرعية لتلك الدولة.

وبحثنا هنا يدور حول سؤال بشأن ما ينبغي ان يكون المصدر والمعيار للعدل والأهلية والشرعية في الدولة، ولكي نجيب على هذا السؤال فانّه لابد من مقدمات ثلاث.

المقدمة الاولى

من المؤكد انّ معيار الشرعية والاهلية للدولة يجب ان لا يفتقر الى معيار آخر لشرعيته وأهليته ، وعليه فانّ الشرعية والأهلية يجب ان تكونا من ذات الدولة ، وجزء لا يتجزأ عنها . بعبارة أخرى فانّ معيار الشرعية والأهلية للدولة ينبغي أن يكون شرعياً ومتصفاً بالأهلية لذاته ، ولا يحتاج الى دليل أو علّة لشرعيته وأهليته .

المقدمة الثانية

انّ الذي يلحق به العدل أو الظلم أو الأهلية وعدمها والشرعية واللاشرعية هو الفعل الارادي الناشئ عن اختيار . فالافعال الخارجة عن الارادة لا توصف بمثل هذه الأوصاف .

خذ مثلاً دوران الدم أو الوظيفة البيولوجية لجهاز البصر او السمع في الانسان فهي أمور غير ارادية ولا تلحق بها صفة العدل او الظلم أو الشرعية أو الأهلية أو عدمهما ، ولكنّ الأقوال والأفعال الارادية للانسان والتي تصدر عن وعي الانسان واختياره فانّها تستحق أن توصف بالصفات المذكورة .

المقدمة الثالثة

وبناء على انّ الفعل الأرادي هو الذي يوصف بالعدل أو الظلم أو عدم الأهلية أو الشرعية فانّنا نخلص الى حقيقة انّ المناط في ذلك كله هو الارادة والاختيار. فالارادة والاختيار اللذان ينشأ عنهما كل فعل حرّ هما الأصلان والمنشآن في قبول تلك الصفات التي ذكرناها آنفاً.

ومن مجموع هذه المقدمات نستنتج انّ معيار الشرعية والعدل والأهلية يجب ان يكون ارادة مشروعة ومؤهلة لذاتها أو ارادة عادلة لذاتها بمعنى ان تكون ارادة لا يمكن تجزئتها وتفكيكها عن العدالة والأهلية والشرعية، مثل هذه الارادة تستحق ان تكون ميزاناً ومعياراً لقياس العدل في سائر الأفعال الارادية.

اذن يمكن القول انّ المعيار الوحيد للعدل والأهلية والشرعية هو ارادة رب الأرباب سبحانه التي تكون بذاتها عادلة وشرعية ومؤهلة وكل ارادة عداها، سواء ارادة الانسان أو غيره وسواء كان الانسان فرداً او مجتمعاً فانّها لا يمكن ان تكون معياراً للشرعية والأهلية والعدالة. لانّها لا تملك هذه الأوصاف فيما يمكن ان ينسب اليها العدل والأهلية والشرعية الا اذا جاءت تبعاً لارادة الله سبحانه وتعالى، وفي غير ذلك فانّ الارادة غير شرعية وظالمة.

ويمكن القول انّ معيار شرعية الدولة وفي اطار سلطاتها الثلاثة: التشريعية، والتنفيذية، والقضائية هو الارادة الالهية ولا يوجد مصدر آخر

حتى لو كان ذلك ارادة البشر كلهم يستحق ان يكون معياراً لهذه الشرعية. يقول الامام الخميني (قدّس سرّه) في هذا المضمار:

«دولة الاسلام هي دولة القانون، وفي هذا النمط من الدول تكون السيادة فيها للقانون وحده، والسيادة فيها لله وللقانون. فالأوامر والأحكام الهية، وشريعة الاسلام وأوامر الخالق هي التي تسود وتسري بالتمام والكمال على جميع الأفراد وعلى كيان الدولة. جميع الأفراد بدءاً من الرسول (ص) ومروراً بالخلفاء، وانتهاءً بسائر الناس تابعون جميعاً وأبداً للقانون، الذي نزل من الله سبحانه وتعالى وتمّ تبيانه في القرآن وعلى لسان النبي (ص). فاذا حكم الرسول الكريم (ص) كان حكمه بأمر من الله سبحانه، وهو الذي نصّب النبي (ص) حاكماً على المسلمين»[1].

الارادة الالهية من منظار العقل هي معيار الشرعية - وبناءً على ما تقدّم - فانَّ مناط الشرعية لأي فعل أو قول ارادي يجب ان يكون متقدماً على ذلك الفعل او القول، ويكون مرجعاً تستند اليه كل الافعال والاقوال: الارادة الوحيدة التي تسبق سائر الارادات والافعال والاقوال هي الارادة الالهية، ولهذا السبب فانّ هذه الارادة تكون أساساً ومصدراً لشرعية كافة الافعال الارادية التي تصدر عن فاعلها باختيار وارادة.

ولمزيد من التوضيح يمكن القول انّ الشرعية والأهلية

---

(١) الحكومة الاسلامية: ص٥٤ ط١٣٩١ هـ - ١٩٧١م.

والاستحقاق من منظار عقلي يمكن ان تكون سبباً لنشوء الفعل الارادي، بمعنى انّ دافع الفاعل المريد من وراء فعله هو أهلية ذلك الفعل، ولكن ليس من الضروري ان يكون تحقق الفعل في الخارج دليلاً على شرعيته. وعلى هذا الأساس فانّ كل عمل يتصف بالشرعية والأهلية يستمد شرعيته وأهليته من علّة ليس لها علاقة بنفس وجود العمل في الواقع الخارجي، اذ انّ العمل المتصف بالاهلية سواء تحقق في الخارج، او لم يتحقق فهو غير منفصل عن أهليته، لمطابقته وموافقته لمعايير الاهلية والشرعية وليس لتحققه في الواقع الخارجي.

وبناءً عليه فانّ العمل الذي تحقق في الواقع الخارجي يمكن ان يكون متصفاً بالأهلية او لا يكون.

وبلغة فلسفية يمكن الاستدلال على شرعية الفعل الارادي بأنّ الشرعية في سلسلة العلل الوجودية للفعل الارادي بينما وجود العمل الارادي في سلسلة العلل لا يعني الشرعية، بمعنى ان الشرعية يمكنها ان تكون سبباً لوجود العمل الارادي في الواقع الخارجي في المواضع التي يقوم الفاعل بعمل ما بدافع الشرعية والاهلية، ولكن وجود العمل وتحققه في الخارج بذاته لا يمكن ان يضحى سبباً لشرعيته لانّه يحدث في كثير من المواقع ان العمل المتحقق في الخارج غير لائق وغير مشروع.

وطبقاً لما أوردناه فانّ الشرعية تسبق وجود العمل الارادي في الخارج لانّها موجودة في سلسلة علل هذا العمل، ولذلك فانّ الارادة الالهية

٦٤

متقدمة على سائر الارادات، والافعال الارادية. وفضلاً عمّا يقرّه العقل في هذا الجانب فانّ الشرع يؤكد انّ مناط الشرعية ومنشأها هو ارادة الله سبحانه وتعالى.

النصوص الدينية الدالة على هذا المعنى كثيرة نشير الى نماذج منها في القرآن الكريم.

﴿وربك يخلق ما يشاء ويختار ما كان لهم الخيرة سبحان الله وتعالى يشركون. وربك يعلم ما تكن صدورهم وما يعلنون. وهو الله لا اله الا هو له الحمد في الاولى والآخرة، وله الحكم واليه ترجعون﴾[1].

في هذه الآيات هناك تصريح بانّ الاختيار مقتصر على الارادة الالهية والمقصود من الاختيار في الآية الاولى هو الاهلية والعدالة والشرعية، والمعنى الذي يسود في روح الآية هو انّ معيار التفاضل والاهلية هو لله وحده دون غيره، وبارادته يتم تفضيل شيء على شيء آخر، او اختياره من بين الاشياء.

﴿قل هل شركائكم من يهدي الى الحق قل الله يهدي للحق أفمن يهدي الى الحق احق ان يتبع امّن لا يَهِدِّي الا ان يهدى الا ان يهدى فما لكم كيف تحكمون﴾[2].

﴿وان احكم بينهم بما انزل الله ولا تتبع اهواءهم﴾ الى ان يقول

---

(١) القصص: ٦٨-٧٠.

(٢) يونس: ٣٥.

عزّ وجلّ ﴿أفحكم الجاهلية يبغون ومن احسن من الله حكماً لقوم يوقنون﴾[1] .

يستفاد من هذه الآيات وبشكل واضح وجلي ان الدولة الشرعية الوحيدة هي الدولة القائمة على القانون الالهي. والاوامر التي تأتينا من الله سبحانه وتعالى هي الميزان والمقياس للافضلية والاهلية والاحقية.

ويمكننا الوقوف هنا عند عدد كبير من الآيات في القرآن الكريم والتي تؤكد هذه الحقيقة، ومنها كل الآيات التي تدل على انّ الحاكمية والسيادة هي لله وحده. كما في قوله تعالى: "وله الخلق والامر" و "له الحكم"، "هو الولي" "وله الملك" فجميع هذه الآيات تصدع بحقيقة انّ دولة الحق والعدالة المتصفة بالشرعية هي تلك الدولة التي منشأ شرعيتها واهليتها الباري عزّ وجلّ.

ومن مجموع هذه الادلة كلها نخلص الى ان معيار الشرعية في كل فعل ارادي وكل اختيار هو الارادة الالهية لان العدالة جزء من ذاتها، وارادته تسبق كل ارادة وفعل. ومن هذه الحصيلة يمكن القول ان جميع ما يصدر من الانسان من فعل ارادي، تعد ارادة الانسان فيه مصدراً لوجود هذا الفعل وارادة الله سبحانه مصدراً لشرعيته، وهكذا هو الامر في اطار الدولة التي تعتبر نتاجاً شمولياً للافعال الارادية لجماعة كبيرة من البشر ومنشأ وجودها هو ارادة هؤلاء واختيارهم.

---

(١) المائدة: ٤٩-٥٠.

هنا ايضاً تكون ارادة الله عزّ وجلّ ميزاناً للشرعية ومعياراً لها، واية دولة تتطابق مع هذه الارادة فانّها تكتسب الشرعية والاهلية. اذن فكما ان ارادة الشعب هي مصدر لسلطة الدولة فان ارادة الله تبارك وتعالى هي مصدر لشرعية الدولة واحقيتها وكل دولة لا تستند الى حكم الله فهي تفتقد الشرعية والاحقية رغم وجودها الذي يستند الى ارادة الشعب.

الامام الخميني يخاطب مجلس أمناء الدستور الذي يتولى مهام التوفيق بين القوانين المتعارفة في الدولة وبين الاحكام والتعاليم الالهية وعرض تلك القوانين على المصادر الدينية فيقول: «ان ما يجب ملاحظته والاخذ به في الاساس هو الله سبحانه وتعالى وليس الشعب فلو وقف ١٠٠ مليون شخص او كل سكان الارض في جانب ووجدتم ان كلامهم يتعارض مع أسس القرآن فانّ عليكم ان تقولوا كلام الله حتى وان ثار عليكم الناس جميعاً. الانبياء هكذا كانوا يعملون. فهل فعل موسى (ع) مثلاً غير ذلك، وهل كان له نصير في دعوته آنذاك»؟[١].

٤- ماهية وطبيعة الدولة الاسلامية

من خلال التأمل فيما تم بحثه يمكن معرفة طبيعة وماهية الدولة الاسلامية وما يميزها عن سائر الدول، رغم ذلك ينبغي تسليط أضواء

(١) صحيفة نور، ج١٢، ص٢٥٨، خطاب الامام في اعضاء مجلس أمناء الدستور بتاريخ ٣٠/٤/١٣٥٨ هجرية شمسية.

اخرى على ما تمتاز به الدولة الاسلامية من خلال التوضيح الآتي:

انّ الميزة الاساسية للدولة الاسلامية والاختلاف الاساس بينها وبين الدولة المستبدة هو انّ اراة الشعب هو مصدر للسلطة وارادة الله سبحانه وتعالى مصدر للشرعية في الدولة الاسلامية وعليه فانّ الدولة الاسلامية تتمتع بركني الدولة اللذين يقرهما العقل أي سلطة الشعب والشرعية الدينية بينما الدولة المستبدة لا تستند في سلطتها الى ارادة الشعب، ولا في شرعيتها الى ارادة الله سبحانه.

اما التفاوت الذي بين الدولة الاسلامية والدولة الديمقراطية فهو في أزمة الشرعية التي تعاني منها الاخيرة ولا تملك مصدراً تؤمن من خلالهِ هذه الشرعية. ارادة الشعب التي تشكل القاعدة للدولة الديمقراطية تستطيع ان تمنح لهذا النوع من الدول وجودها وتضمن لها السلطة في حيز التنفيذ والممارسة ولكن لا توفر لها الشرعية لان ارادة الشعب كما أوضحنا تفتقر الى معيار يؤيد شرعيتها، ولانّ العدل والاهلية ليسا من ذات هذه الارادة حتى لا يمكن التفكيك بينها وبين هاتين الصفتين.

اما في نظام الدولة الاسلامية فارادة الشعب هي مصدر للسلطة وارادة الله هي مصدر للشرعية، ولذلك نجد انّ ركني الدولة الاساسيين اي السلطة والشرعية يتخذان سياقهما المنطقي والعقلي في الدولة الاسلامية.

يقول الامام الخميني (قدس سره) في هذا المجال:

«الدولة الاسلامية لا هي من النوع الاستبدادي ولا هي مطلقة وانما

هي دستورية . وليست دستورية كذلك بالمعنى المتعارف في عصرنا الحالي اي ان يستند القانون فيها الى تصويت الاكثرية ، وانما تعني ان من يقومون بتولي مهام الدولة مقيدون بمجموعة شروط ودساتير تمّ تحديدها في القرآن الكريم والسنة النبوية الشريفة ، مجموعة شروط هي أحكام الاسلام وتعاليمه التي يجب ان تلتزم بها الدولة . من هذه الزواية فانّ الدولة الاسلامية هي دولة القانون الالهي التي تجري أحكامها على الشعب .

التمايز الرئيسي بين الدولة الاسلامية والدولة الدستورية سواء الملكية او الجمهورية في هذه النقطة بالذات ، اي انّ نواب الشعب او نواب الملك هم الذين يشرعون القوانين للدولة فيما انّ سلطة التشريع وخيار التشريع في الاسلام هو بيد الله سبحانه لا بيد غيره . والشارع المقدس هو المشرع الوحيد للقوانين فلا يحق لاحد ان يقوم هذا المقام ، ولا يسمح لاي قانون غير القانون الشرعي ان يدخل حيز التنفيذ »^(١) .

مع ملاحظة هذه العبارات يتضح انّ نظام الدولة المستبدة ونظام الدولة الديمقراطية يعاني كل منهما من أزمة في الشرعية ، فكما لا يمكن ضمان العدالة في ظل حكومات استبدادية فالمشكلة كذلك قائمة بالنسبة للدولة الديمقراطية . ولو فرضنا انّ الديمقراطية تحققت بالكامل في ساحة المجتمع فانّ ممارسة الديمقراطية في افضل صورها لا تضمن هي ايضاً العدالة في الدولة التي تقوم على مبدأ المشاركة الشعبية .

---

(١) الحكومة الاسلامية : ص٥٢ ، ط سنة ١٣٩١هـ - ١٩٧١م

ونقطة القوة الوحيدة في الدول الديمقراطية هي تمحورها حول ارادة الشعب وكما أوضحنا آنفاً فانّ ارادة الشعب تضمن وجود الدولة ولكن لا تمنحها القيمة ولا تمدها بالعدالة والاهلية والاستحقاق ولكي تضمن الدولة الاهلية والعدالة لنفسها فانّها تحتاج الى أمر يسبق ارادة الشعب ويضع الشعب في طريق العدالة والحق، ويرشده الى جادة العدل والتقوى والصلاح. ويتميز نظام الدولة الاسلامية على الدولة الديمقراطية في انّ الدولة الاسلامية تحظى بنقاط القوة للنظام الديمقراطي وهي التي تتمثل في ارادة الشعب وتنأى عن نقاط الضعف التي تتمثل في أزمة الشرعية، وتتمتع بالهداية الربانية من خلال اعتمادها على التعاليم الالهية والتزامها بالقواعد والاوامر الصادرة عن الدين.

وبالتالي فانّ الشرعية والعدالة تتعانقان وتتكاتفان في نسق الدولة الاسلامية، ونظامها.

٥- الدولة والسلوك الاجتماعي

الافعال الارادية للبشر على نوعين: السلوك الذي يصدر عن الفرد، والسلوك الذي يصدر عن المجتمع او الجماعة، وجود السلوك الفردي مرتبط بارادة الشخص الفاعل، ولا دخل لارادة الآخرين بشكل مباشر فيه. فعندما يقرّر أحد الاشخاص بان يتوجه نحو بيت صديق له فانّه يبادر الى ارتداء ملابسه وفتح باب بيته وركوب سيارته، اذا كانت المسافة بعيدة ــ

ليتجه نحو البيت الذي يسكن فيه صديقه . هنا مجموعة من الافعال الارادية «ارتداء الملابس ، فتح الباب ، ركوب السيارة ، التوجّه نحو منزل الصديق ، وغيرها» كل ذلك ضمن السلوك الفردي الـذي يـصـدر عـن ارادة ذلـك الشخص ، ولا علاقة مـبـاشـرة لارادة الآخرين في تحقيق وممارسـة هـذه الافعال .

وامّا في السلوك الاجتماعي فالوضع يختلف تمام الاختلاف فارادة الفرد لا تستطيع ان تصنع سلوكاً اجتماعياً . اذ انّ السلوك الاجتماعي يعتمد على تراكم من الارادات . فمتى التحقت ارادات الافراد في مجموعة من الناس ببعضها البعض عندئذ يتكون السلوك الاجتماعي . حينما يقرّر عمال أحد المصانع الاضراب ، وايقاف العمل معاً ، يتحقق اضراب عام في المصنع ولا يمكن تحقيق مثل هذا الاضراب الا باجتماع جميع الارادات ، او معظمها في المصنع ، فباستياء واحد أو اثنين أو عشرة من العمال مثلاً أو بقرار يصدرونه للتوقف عن العمل لا يمكن ان يحدث اضراب عام الا اذا استطاعت ارادة هذا العدد من الافراد ان تدفع الآخرين الى الانضمام اليهم ، والانسجام مع ارادتهم ، وبالتالي يتفق معظم العمال على ارادة موحدة لايجاد الاضراب العام . في هذه الصورة يتوقف المصنع عن العمل ومهما عارضه المدراء والمشرفون الاساسيون على ادارة المصنع فانّهم غير قادرين على منع هذا السلوك الاجتماعي اذا ما رغب معظم اعضاء المجموعة باتخاذ قرار موحد فيه .

هذا المثال لا يعني انّ ارادة الفرد لا تستطيع ان تؤثر او تتدخل في ايجاد السلوك الاجتماعي وانّما تعني انّ ارادة الفرد ليس لها تأثير مباشر على بلورة وايجاد السلوك الاجتماعي هذا، وعليه فان تدخل ارادة الفرد بصورة غير مباشرة في تكوين سلوك اجتماعي ليس ممكناً فحسب وانّما هو شرط طبيعي في مسار السلوك الاجتماعي .

ارادة الفرد عندما تكون مؤثرة ونافذة فانّها تستطيع بشكل متدرج او بعض الاحيان على نحو مفاجئ وسريع ان تؤثر في ارادة معظم أعضاء المجموعة وتجعلها منسجمة مع أهدافها ومآربها وبالتالي يتناغم السلوك الاجتماعي مع تلك الارادة . وحتى في هذه الحالة فانّ تأثير ارادة الفرد على السلوك الاجتماعي هو من قبيل الحث والتحفيز واثارة المشاعر وما شابه ولا تتدخل الارادة مباشرة في تكوين هذا السلوك .

اذن يرتبط السلوك الاجتماعي وطبيعة تكونه بارادة معظم أعضاء المجموعة أو المجتمع ، حيث يمكن تسمية هذه الارادة بالروح الجمعية التي تنشأ عنها الافعال الارادية الاجتماعية كما انّ الروح الفردية مصدر للافعال الارادية للفرد الواحد .

في السلوك الفردي ارادة الفرد هي مصدر السلوك ، لكنها ليست مصدراً لقيمة هذا السلوك وشرعيته ، ان يكون الخير والصلاح والشرعية في السلوك الفردي ناشئاً عن معايير أصيلة للاستحقاق والاهلية وليس عن ارادة الفاعل لذلك السلوك ، هذه حقيقة يقرّ بها ضمير الانسان ووجدانه

وانكارها يعني نفياً مطلقاً لكل معنى الاخلاق والقيم المعنوية، فاذا كانت العدالة والفضيلة والصدق والمروءة وخدمة المجتمع والايثار والتضحية والانفاق على الفقراء والمساكين ومنح المحبة والعطف للآخرين وسائر القيم الاخلاقية تعدّ سلوكاً ذا قيمة معنوية لدى الانسان فهو ليس بسبب ان هذه القيم صدرت عن الانسان لانّ هناك عدداً كبيراً من البشر يعمل بالضد من هذه القيم والصفات ولا يوجد ضمير حي واحد يشهد بحسن سلوك هؤلاء الجماعة من البشر ولا يعير لما يمارسونه قيمة اخلاقية، وانّما يصنفها ضمن السلوك الخاطئ وضمن السوء والظلم والانانية والحقد والحسد والكذب والافتراء وما شابه هذه الافعال غير الاخلاقية التي يحكم عليها ضمير الانسان بسوء وينعتها بالشر رغم ممارستها في الواقع من قبل جماعة كبيرة من البشر.

اذن الحسن وعدم الحسن، الاهلية وعدمها، العدل والظلم، الخير والشر أو بعبارة أخرى الشرعية واللاشرعية في السلوك الانساني هي من الامور التي تصدر عن ارادة تفوق ارادة البشر أي ارادة الله سبحانه وتعالى، وهذا ما يشهد له ضمير الانسان اللبيب وصاحب الوجدان الحي.

هذه الحقيقة تصدق على السلوك الاجتماعي كما تصدق على السلوك الفردي فالدولة في الواقع هي نمط معين من السلوك الاجتماعي بمعنى انّها لا تتحقق بارادة فرد أو عدد من الافراد بل يجب ان تجتمع ارادات معظم المجتمع حتى يتكون واقع الدولة في الخارج.

العقل ليس وحده الذي يقرّ هذه المسألة وانّما تؤيدها التجربة البشرية، وهناك آيات عديدة في القرآن الكريم وسائر مصادر الدين الحنيف تساند مثل هذه الحقيقة وانّ المسؤولية في النظام الاجتماعي والسياسي لا تقع على الحكام ومن بيدهم زمام الامور وحدهم بل على الحكام والمحكومين في آن واحد، والكل مسؤول في هذا السياق، لانّ الظواهر الاجتماعية ــ ومنها النظام السياسي والنظام الاجتماعي ــ لا يمكن ان تتحقق الا باجتماع معظم الارادات في المجتمع حتى تتناغم هذه الارادات وتنسجم في روح اجتماعية، وحينئذ تتمكن من انشاء نظام سياسي واجتماعي داخل المجتمع الواحد.

وفي واقع الامر فانّ الدولة، او بعبارة اخرى النظام السياسي الاجتماعي الذي يسود في المجتمع هو نمط من السلوك الاجتماعي الذي تحققه ارادة الشعب وهو كسائر الافعال التي تصدر عن ارادة جماعية وعن معظم اعضاء الجماعة او المجتمع.

الدولة اذن حصيلة ارادة جماعية، وكما انّ السلوك الاجتماعي الفردي يستمد وجوده وليس شرعيته من ارادة الفرد فكذلك السلوك الاجتماعي ومن بينه النظام السياسي والاجتماعي بمظاهره المختلفة يستمد وجوده لا شرعيته من ارادة المجتمع او الجماعة.

واما مصدر الشرعية في السلوك الفردي والسلوك الاجتماعي ونموذجه الدولة، فهو ارادة تعلو ارادة البشر وهي ارادة الله سبحانه وتعالى.

٦- الشعب وقادة الدولة: الحقوق والمسؤوليات

اكّدنا انّ الدولة ترتكز على قاعدتين هي السلطة والشرعية، وبيّنا انّ مصدر السلطة هي ارادة الشعب، ومصدر الشرعية هي ارادة الباري عز وجل، ولمزيد من التوضيح في خصوص ما نروم مناقشته نشير في البداية الى مقدمتين:

الاولى: كل ارادة هي الى جانب المسؤولية، والسلوك الارادي لا ينفصل بحال عن المسؤولية.

الثانية: حينما توجد مسؤولية فهناك حق. والمسؤولية والحق لا ينفصلان عن بعضهما الآخر أيضاً.

ولتوضيح ذلك نفصل الموضوع كالتالي:

أ- اقتران الارادة بالمسؤولية

الارادة او السلوك الارادي هو حصيلة ونتاج الحرية في الاختيار، والسلوك الارادي يعني ذلك السلوك الذي ينشأ عن ارادة حرة. هذه الحرية هي منطلق المسؤولية الاخلاقية والقانونية. والمسؤولية الاخلاقية تعني انّ العقل العملي الذي يدرك الاساس الخلقي يلزم صاحب الارادة بان يكون ملتزماً بمبادئ الاخلاق، والمسؤولية القانونية هي الاخرى تعني انّ القانون يلزم الفاعل للسلوك الارادي بان يرعى الضوابط القانونية وبالتالي يكون

الفاعل مسؤولاً في اطار يلزمه، اخلاقياً وقانونياً.

فكما ان النتائج الطبيعية للسلوك الارادي عائدة الى الشخص الصادر عنه هذا السلوك فكذلك النتائج الاخلاقية والقانونية هي مترتبة على السلوك ذاته، فاذا كان السلوك صائباً ومستحسناً يستحق صاحبه المديح من لدن الضمير الاخلاقي للانسان، ويستحق المكافأة في محكمة القانون. وامّا اذا كان السلوك غير صالح ولا مستحسناً فانّ صاحبه مستحق للذم واللوم من قبل وجدان الانسان الاخلاقي ومستحق للعقوبة في محكمة القانون.

النتيجة الطبيعية للمسؤولية الاخلاقية هي ان يلحق المديح او الذم بمن صدر عنه سلوك ارادي وحصيلة المسؤولية القانونية هي ان تلحق المكافأة والعقوبة بصاحب هذا السلوك الارادي.

الحقوق والمسؤوليات المتقابلة بين الانسان وربه

خلق الانسان بصفته كائناً يستطيع بارادته ان يرقى الى مدارج الكمال حتى يصل الى أوج الفناء في ارادة الحق تبارك وتعالى. العقل العملي ينسب نوع مسؤولية، وتعهداً للذات الالهية تجاه هذا الكائن بان يهيئ مجالات كماله وتربيته. فكما ان الانسان الفرد من وجهة نظر العقل مسؤول عن أبنائه ومن تحت تكفله فكذلك المسؤولية الالهية التي هي

مسؤولية شرعية أيضاً (بمعنى ان الباري عز وجل أوجب على نفسه هذه المسؤولية)، فيوجب على نفسه ارسال الرسل وانزال الكتب والتعاليم.

وبما ان كمال الانسان هو ان تكون افعاله الارادية كلها تبعاً لارادة الحق تبارك وتعالى أي ان يأتي بما هو حق وعدل من الافعال فانّ المجتمع الانساني بطبيعة الحال يكمل بوجود قيادات الهية تدأب على تطبيق القانون الالهي في جميع شؤون الحياة وفي جميع ما نصنّف ضمن السلوك الاجتماعي. الوصول الى الكمال الاجتماعي والفردي يحتاج الى برنامج ومرشد وتربية واعداد وهذه هي المسؤولية التي أحلها العقل والشرع معاً أي الباري عز وجل وهو الذي وفّى هذا الجانب على أفضل صورة ببعثه الانبياء وارساله الرسل وانزاله الكتب السماوية وتوكيله ائمة عدولاً لمهام الارشاد والتربية. واما عن المناط في احالة مثل هذه المسؤولية الى الخلق عز وجل فهو مما أوجبه الله سبحانه وتعالى على نفسه اثر خلقه للانسان بصورته العقلية.

والعقل العملي يحيل هذه المسؤولية للخالق للزوم رعايتها من قبل الحق تعالى وفي مقابل هذا التعهد وهذه المسؤولية هناك تعهد ومسؤولية اخرى تخص الانسان وهي مسؤولية ان يتعلم ما يتلقاه من اوامر الهية ويعمل بها، او بعبارة اخرى ان الارادة الحرة -كما اشرنا- تقتضي وجود المسؤولية، وبالتالي فانّ السلوك الارادي للانسان سواء كان فرداً او جماعة او مجتمعاً يقتضي بموجب العقل العملي الذي تنطوي عليه أوامر الله

ونواهيه وبموجب ما يدركه العقل العملي وبما تقره المشيئة الالهية ان يكون الانسان مسؤولاً عن سلوكه الارادي بان يجعله متطابقاً مع ما أمر به الباري عز وجل، ونهى عنه وهو عين العدل وان لا يتعدى حدود العدل والاحكام الالهية، ويسير في اطار هذه التعاليم التي تبيّن للانسان موازين العدل والخير والصلاح.

القرآن الكريم اكّد على هذه المسؤولية في موارد عديدة يقول عز من قائل في سورة المائدة: ﴿واذكر نعمة الله عليكم وميثاقه الذي واثقكم به اذ قلتم سمعنا وأطعنا﴾[1].

وفي سورة البقرة: ﴿آمن الرسول بما أنزل اليه من ربه والمؤمنون كل آمن بالله وملائكته وكتبه ورسله لا نفرق بين أحد من رسله وقالوا سمعنا واطعنا﴾[2].

انّ عبارة (سمعنا واطعنا) عبارة تعكس تلك المسؤولية العقلية التي يعمل بها المؤمنون بايمانهم ولذلك عبر عنها القرآن بالميثاق الالهي مع المؤمنين.

وما جاء في القرآن من تأكيد حول ان المؤمنين عاهدوا الله بعهد وثيق على ان يسمعوا له ويطيعوه فهو لوجود هذا التعهد او هذه المسؤولية المتقابلة بين الخالق والانسان. فالميثاق والعهد ليس الا مسؤولية متقابلة،

(١) المائدة: ٧.

(٢) البقرة: ٢٨٥.

مسؤولية من الله سبحانه لهداية البشر وتربيتهم عبر ارسال الكتب ووضع الموازين والمعايير الاصيلة ومسؤولية من قبل البشر ان يسمع ويطيع أمام ما يعرض عليه من أوامر الله وامام الرسل وسائر القادة الرساليين .

ب- اقتران المسؤولية بالحق

المسؤولية والحق في الواقع هما حقيقة واحدة وعندما ينسبان بشكل مختلف يتخذان معنى وواقعاً مختلفين . عندما يتكون ميثاق أو عهد بين طرفين فهناك مسؤولية يتعهد بها طرف ، وحق يأخذه طرف آخر ، ولذلك فانّ العهد والميثاق حينما تنسب الى المتعهد فهي مسؤولية وحينما تنسب الى الذي تعهد له فهو حق .

ان عهد الله سبحانه تجاه البشر هو هدايتهم وارسال الرسل والكتب اليهم، هذا العهد بالنسبة للبشر هو أمر يستحقه البشر في الطريق الى العدل والكمال في هذه الدنيا . ونفس هذا الحق اذا أخذناه من زاوية نسبته الي الباري عز وجل سيكون عهداً ومسؤولية يوفيها الله سبحانه عبر هدايته البشر الى الكمال وما يهيء له لبناء المجتمع العادل والفاضل .

من جهة اخرى فانّ مسؤولية البشر أمام هذا العدل والحق الذي يمثله الباري سبحانه هو ان يسمعوا له ويطيعوا : نفس هذه المسؤولية اذا نظرنا اليها من زاوية نسبتها الى الله تبارك وتعالى فانّها حقه في ان يسمع ويطاع وعلى هذا الاساس يتضح ان هناك عهداً متقابلاً بين الانسان وخالقه

وفقاً لما يقرّه العقل وينشأ عن هذا العهد المتقابل مسؤوليتان، وحقّان:

مسؤولية الانسان أمام العدل والفضيلة، ان يقبل بميزان العدل ويطلب الفضيلة ويرعاها. ومسؤولية من الباري عزّ وجلّ حيال الانسان الذي يستجيب لنداء الخير والعدل بأنَّ يرسل له برنامجاً شاملاً ويبعث له برسل وقادة هداة وصالحين.

هذه المسؤولية هي مسؤولية عقلية أي ان فطرة الانسان العقلية ووجدانه الاخلاقي تقرّان ان الانسان بما زود به من خصائص أهمها الارادة الحرة التي يستطيع من خلالها ان يختار ما يشاء بوعيه وان يطلب الخير والعدل والفضيلة وان يدرأ عن نفسه الشر والدناءة وان يقبل على الكمال.

وينشأ عن هذه المسؤولية بين الانسان وخالقه عهدان وحقان:

الاول: حق الانسان في بلوغ الفضيلة ونيل العدالة والكمال. أي ان الانسان بحكم العقل له الحق ان يصل الى ما يصبو اليه من العدالة والفضيلة، وله الحق أيضاً ان يختار الافضل والأنسب والأكمل. وفي مقابل هذا الحق الانساني مسؤولية من قبل الخالق سبحانه ان يهدي الانسان في هذا الطريق ويضع أمامه منهج اختيار الافضل والاكمل. وفي مقابل هذا الحق الانساني مسؤولية من قبل الخالق سبحانه ان يهدي الانسان في هذا الطريق ويضع أمامه منهج اختيار الافضل والاكمل يبعث له من يدلّه ويرشده في عملية الاختيار هذه ويعلمه كيف يختار الحياة الفضلى ويقوده الى العدالة والصلاح.

الثاني : حق للخالق سبحانه ان يسمع البشر أوامره ونواهيه وتطاع انبياؤه ورسله وتتبع تعاليمه وهو الحق الذي عبر عنه القرآن الكريم بالسمع والطاعة .

هذا الحق هو حق يقرّه العقل والوجدان معاً . فرسالة الهداية ومن يرسل بها الى مجتمع يقيم الحق والعدل يكتسبان في نظر العقل حقاً يستجيب له الانسان بالسمع والطاعة وتطبيقهما في الحياة .

هذه مسؤولية وعهد يلزمهما العقل العملي للانسان وهذا الالزام العقلي والوجداني هو ترجمة اخرى للحق الذي عبّر عنه الباري عزّ وجلّ في كتابه الكريم بالسمع والطاعة .

﴿ واذكروا نعمة الله عليكم وميثاقه الذي واثقكم به اذ قلتم سمعنا واطعنا ﴾[1] .

﴿ انما كان قول المؤمنين اذا دعوا الى الله ورسوله ليحكم بينهم ان يقولوا سمعنا وأطعنا ﴾[2] . الى جانب هذا الحق الالهي هناك مسؤولية تقع على الانسان للتعلم واتباع الرسالة الالهية .

العقل نفسه الذي أقرّ بحقّ الانسان في انتخاب الافضل والارجح هو الذي يعتبر الانسان مسؤولاً عمّا يختاره ومسؤولاً ايضاً للتعرف على ما هو افضل وأقوم فيما ينتخبه ويعمل به .

---

(١) المائدة : ٧ .

(٢) النور : ٥١ .

الحقوق والمسؤوليات المتقابلة بين الانسان والقادة الرساليين

كما ان هناك حقاً وعهداً ومسؤولية بين الخالق وبين البشر في مجال اختيار الافضل والاحسن او الاكمال المتمثل في العدالة والفضيلة فان هناك ايضاً حقوقاً ومسؤوليات متبادلة بين البشر وبين القادة الرساليين او الرسل . والعقل ذاته الذي يقضي بوجوب الحق للانسان في عملية البحث عما هو أفضل وأقوم لحياته هو نفسه يقرّ بوجوب الحقّ لهذا الانسان لتمكينه من اقامة العدل واختيار الحياة التي يشيع فيها الخير والفضيلة . ولذلك فانّ الرسل والقادة الذين يبعثهم الله لهداية البشر مسؤولون أمام هذا الحق اي حق البشر في اختيار الافضل وحقهم في اقامة القسط والعدل والتمتع بالكمال والفضيلة . العقل والشرع يحكمان معاً بانّ هؤلاء القادة مسؤولون عن تبليغ الوحي الى الناس بالكامل وعرض التعاليم الالهية بأفضل السبل المتاحة وان لا يهنوا ولا يدخروا وسعاً في عملية التبليغ هذه ويبذلوا قصارى جهدهم من أجل هداية البشر وتزكيتهم .

القرآن يشير في مواضع عديدة الى مسؤولية هؤلاء الرسل او القادة ومنها ما جاء في سورة الاحزاب :

﴿ واذ أخذنا من النبيين ميثاقهم ومنك ومن نوح وابراهيم وموسى وعيسى ابن مريم واخذنا منهم ميثاقاً غليظاً . ليسأل الصادقين عن صدقهم ﴾ [1] .

_____

(١) الاحزاب : ٧ - ٨ .

وجاء أيضاً في الكتاب الكريم: ﴿ولنسئلن المرسلين﴾[1].

التبليغ وزعامة المجتمع مسؤوليتان تقعان على عاتق الأنبياء والرسل والقادة الربانيين مقابل ما يملكه البشر من حق في اختيار الاقوم في حياته وفي المقابل هناك حق يتعلق بهؤلاء القادة والرسل وينعكس على البشر حيث انّهم يتحملون مسؤولية تجاه من أرسل اليهم ومن يتولى أمر هدايتهم.

مسؤولية البشر في مقابل ما يبذله القادة الرساليون من جهود في التبيلغ والهداية هو اعلان النصرة والبيعة لهم. فالقادة مسؤولون عن البشر بأنّ يأخذوا بأيديهم في طريق الهداية الى الافضل والاقوم كما انهم مسؤولون عن تبيان منهج العدالة والفضيلة بلسان فصيح وبليغ وان يجهدوا بكل ما يسعهم من جهد لهداية البشر وتزكيتهم في مقابل هذه المسؤولية التي تقع على عاتق القادة هناك مسؤولية يتحملها عامة البشر وهي مسؤوليتهم في اعلان البيعة والنصرة. فكما ان الانبياء والقادة الربانيين متعهدون ببذل قصارى الجهد لتبليغ الرسالة وهداية البشر فالبشر كذلك مكلفون بأن لا يدخروا وسعاً لنصرة هؤلاء الرسل والقادة حتى يقيموا صرح العدالة والفضيلة في المجتمع الانساني الذي هو هدف الرسالات السماوية وبعث الرسل. وكثيراً ما أشار القرآن الكريم الى هذه

(١) الاعراف: ٦.

المسؤولية المتبادلة بين الأنبياء ومن ارسلوا اليهم من البشر : ﴿فلنسئلـن الذين أرسل اليهم ولنسئلن المرسلين﴾[1] .

وكما أوضحنا آنفاً ان القرآن يعبّر عن هذه المسؤولية بالميثاق . وحقيقة الميثاق في نظر العرف والشرع هو هذا العهد والمسؤوليـة المتقابلة .

القرآن يؤكّد على هذا الميثاق والعهد الذي بين الناس وبيـن زعمائهم الدينيين فيقول عزّ من قائل :

﴿من المؤمنين رجال صدقوا ما عاهدوا اللّه عليه فمنهم من قضى نحبه ومنهم من ينتظر وما بدلوا تبديلاً﴾[2] .

وفي هذه الآية اشارة الى المؤمنين الصامدين الذين ظلوا أوفياء لعهدهم الذين عاهدوا به ربهم في نصرة أنبيائه ورسله وما وهنوا وما بدلوا هذا العهد .

وفي موضع آخر من القرآن يصف المنافقين :

﴿ولقد كانوا عاهدوا الله من قبل لا يولّون الأدبار وكان عهد اللّه مسؤولا﴾[3] .

لقد ورد موضوع العهد والميثاق مع اللّه سبحانه في كثير من آيات

_____

(١) الاعراف : ٦ .

(٢) الاحزاب : ٢٣ .

(٣) الاحزاب : ١٥ .

الكتاب الحكيم.

وقد جاء وصف المنافقين في مقام الذمّ انهم خانوا عهدهم مع اللّه تبارك وتعالى. بينما يوصف المؤمنون في مقام المدح بالذين استقاموا ووفوا بعهدهم الذي عاهدوا به ربهم. وهناك مجموعة آيات تستفاد منها هذه المعاني حيث يجري التأكيد فيها على ان افضل خصال المؤمن الحقيقي هو وفاؤه بعهده مع اللّه والتزامه بنصرة انبيائه ورسله وفي المقابل يذكر أسوأ صفات المنافق وهي الخيانة بالميثاق والعهد وتركهم الانبياء والرسل وحدهم في ميدان الصراع مع الباطل واعداء اللّه سبحانه.

أشارت سورة الاعراف في الموضع الذي تتحدث فيه السورة عن بشارات التوراة والانجيل بظهور النبي المصطفى (ص) الى المؤمنين الصادقين والذين يتبعون تعاليمه ويوفون بعهده بقوله تعالى:

﴿ ورحمتي وسعت كل شيء فسأكتبها للذين يتقون ويؤتون الزكاة والذين هم بآياتنا يؤمنون. الذين يتبعون الرسول النبي الأمي الذي يجدونه مكتوباً عندهم في التوراة والانجيل... فالذين آمنوا به وعزروه ونصروه واتبعوا النور الذين أنزل معه أولئك هم المفلحون ﴾[1].

مما ذكرنا يمكن استخلاص هذه النتيجة: انّه وبناء على حقّ البشر في الاختيار فانّ لهم الحق في اقامة العدل والوصول الى الكمال والفضيلة

(١) الاعراف: ١٥٦-١٥٧.

وفي المقابل تقع على الانبياء والرسل مسؤولية هداية هؤلاء البشر وايصال رسالة الحق اليهم وتولي أمرهم في طريق إقامة العدل واشاعة الفضيلة في المجتمع.

والمجتمع البشري ايضاً هو مسؤول ومتعهد بنصرة قادته الربانيين وحملة رسالة السماء وحمايتهم وتهيئة ما يمكنهم من زعامة المجتمع وتلبية دعواتهم الى العدل والكمال والفضائل من الصفات والقيم.

وفي ختام هذا البحث نرى من المفيد ان نشير الى ان اقامة القسط في المجتمع وانشاء دولة العدل هما من ظواهر السلوك العام للمجتمع، ولا يكفي وفاء الانبياء وحملة الرسالات بما عليهم من مسؤولية لتحقيق هذا الهدف السامي.

ولذلك حينما يقوم هؤلاء الانبياء والقادة بوظائفهم ويؤدون ما عليهم من مسوؤليات في تبليغ الرسالة وهداية المجتمع ودعوة الناس الى اقامة صرح العدالة ثم لا يجدون النصرة والدعم من قبل المجتمع الذي أُرسلوا اليه او تولوا هدايته فان عواقب ونتائج هذ التقصير سيلحق بالمجتمع ذاته ولا شيء على هؤلاء الانبياء والقادة ولا يتحملون مسؤولية هذا التقصير.

النقطة المهمة الاخرى هي ان نصرة الانبياء والقادة الرساليين تقع مباشرة على عاتق المؤمنين الذين يذكرهم القرآن الكريم كلما ساق

الحديث عن موضوع النصرة التي يجب ان يعدها المجتمع لقادته من الانبياء والرسل والصلحاء. فيوجه القرآن كلامه الى هؤلاء المؤمنين مباشرة بينما مسؤولية السمع لنداء الرسالة والطاعة لهؤلاء القادة هي عامة وتقع على جميع أفراد المجتمع. اذن المسؤولية الاولى التي يوصي بها العقل ومن ورائه الشرع للانسان هو سمع الحق والعدل ووعيهما ومن ثم اطاعة الحق والعدل في اطار الاوامر والتعليمات الالهية.

وعندما يمر الانسان بهاتين المرحلتين ويقر السمع والطاعة فانّه يدخل في زمرة المؤمنين ويوجب العقل والشرع حينئذ مسؤولية أخرى عليهم وهي نصرة الانبياء والرسل والقادة الصالحين في طريق اقامتهم للحق والعدل واشاعة الفضيلة والكمال في المجتمع البشري. وفي هذه المرحلة يجد الانسان نفسه مسؤولاً عن حماية هؤلاء القادة ومتعهداً بالوفاء لهذه المسؤولية.

وعلى كل حال فانّ تحمل المسؤولية هي حصيلة الحرية والوعي لدى الانسان. وفي حكم العقل أينما وجدت الحرية ووجد الوعي فانّ المسؤولية لا محالة قائمة.

وفي الحقيقة انّ المسؤولية والعهد الذي يوجبه العقل للانسان ما هو الا وعي الانسان بموقعه في الكون وفهمه وبصيرته للعلاقات التي تربطه بسائر المخلوقات بل ان عهد ومسؤولية العقل البشري ما هي الا هذه العلاقة العقلانية والمتبصرة للانسان.

وفّقنا الله تعالى لفهم دينه، والعمل بأحكامه، وامتثال أوامره ونواهيه انّه ولي التوفيق، وصلّى اللّه على محمّد وآله الطاهرين.

قواعد التغيير في الحكم الفقهي [1]

في مقدمة البحث ينبغي توضيح بعض المصطلحات وبعض الأسس المعرفية الخاصة بالنظريات الفقهية .

١- النظرية الفقهية:

النظرية الفقهية هي القضية التي تتولى بيان الحكم الشرعي ويتم استنباطها بواسطة الدليل من المصادر الأساسية للفقه . وعليه فان النظرية الفقهية هي في الواقع نتاج لعملية الاستنباط الشرعي وان تفاوتها مع الحكم الصادر عن المعصوم هو في هذه النقطة بالذات .

---

(١) هذا البحث تم تقديمه من قبل المؤلف تحت عنوان «دور التحولات الاجتماعية في تغيير الحكم الفقهي» في مؤتمر (الامام الخميني «رض») الذي عقد في ٧ يونيو ١٩٩٨م في جامعة لندن . ونظراً لأن موضوع العلاقة بين الدولة الاسلامية وتحولات الزمان والمكان ، يعد أحد أهم المباحث النظرية في الدولة الاسلامية ارتأينا اختيار المقال الذي يتحدث حول هذا الموضوع ضمن بحوث الكتاب لنضعه في متناول الراغبين .

الاستنباط يعني استخراج الحكم الفقهي من مصادره باستخدام الدليل ولذلك فان أي نظرية فقهية تحتاج الى دليل يشهد على اسنادها الى مصادر الدين الأساسية. ومصادر الدين الرئيسية أربعة:

الكتاب والسنة والاجماع والعقل. والاجماع والعقل متفرعان عن الكتاب والسنة أي انهما كاشفان لمقاصد وأحكام الكتاب والسنة وبالتالي فان القرآن الكريم والسنة الشريفة هما المصدران الاساسيان للدين.

٢- الحكم الشرعي وأقسامه:

الحكم الشرعي هو الحكم الصادر عن الباري عز وجل بشأن الأفعال التي يقوم بها الإنسان أو الأمور المتعلقة به والذي بيّنه الرسول الكريم (ص).

وبيان الحكم الشرعي ينقسم الى بيان قطعي وبيان غير قطعي بحسب تفاوت ظروف المتلقي للحكم والذي يقع بدوره تحت تأثير العوامل الموضوعية الزمنية والمكانية أو العوامل الذاتية كالاستعداد والمعلومات الضرورية لتلقي الحكم الشرعي.

وفي موارد البيان القطعي والمنجز للحكم الشرعي يكون الحكم واقعياً ودليله قطعي الصدور عن المعصوم ولكن في موارد البيان الغير قطعي للحكم الشرعي فلان كون الحكم شرعياً يحتاج الى أن يستند في

شرعيته الى دليل قطعي، ومعنى كون البيان غير قطعي انعدام الدليل القطعي، فشرعية الحكم المبيّن ببيان (دليل) غير قطعي بحاجة الى دليل اخر قطعي يثبت به صحّة الاستناد الى هذا الدليل لاثبات الحكم الشرعي. وهذه الحالة أي حالة القصور عن التوصل الى البيان القطعي للحكم الشرعي كانت موضع اهتمام الشريعة وقد جعل الله سبحانه أدلة وأصولاً معينة لتحديد الحكم في الموارد التي تفتقر الى الدليل القطعي.

الدليل القطعي يعتبر دليلاً من المرتبة الأولى والحكم الذي يستنتج ويستنبط من هذا الدليل يعتبر حكماً واقعياً. والدليل أو الأصل الذي تحدّده الشريعة في حالة فقدان الدليل القطعي يسمى بالدليل من المرتبة الثانية أو الدليل الثانوي والحكم الذي يتعين من هذا الطريق يعد حكماً شرعياً ظاهرياً.

ومن هنا فان بامكان الفقيه في حالة عدم توصله الى البيان القطعي للحكم الشرعي الواقعي، استحصال الحكم الشرعي الظاهري عبر الأدلة الثانوية ولذلك ينقسم الحكم الشرعي الى قسمين.

١ / ٢ - الحكم الواقعي الذي يكشف عنه البيان القطعي للحكم.

٢ / ٢ - الحكم الظاهري الذي يستنبط من الأدلة والأصول العملية التي وضعها الله سبحانه لتحديد الحكم الشرعي في حال فقدان البيان القطعي للحكم.

٣- قيمة النظرية الفقهية واعتبارها:

النظرية الفقهية تحظى بقيمة معرفية كاملة حينما تتوفر فيها الشروط العلميّة للنظرية الفقهية وهذه الشروط اذا توفرت في النظرية جعلت منها نظرية فقهية مستوفية لشروطها العلمية وهي:

١ / ٣- استنادها الى مصادر الحكم الشرعي أي الكتاب والسنة.

٢ / ٣- تطابقها مع موازين المنطق العام واستخدام منهج الاستدلال المنطقي والعقلي في اثبات الحكم.

٣ / ٣- استخدام منهج الاستنباط الأصولي والمراد من هذا المنهج هو القواعد والضوابط المحددة من ناحية العقل أو الشرع للوصول الى الحكم الشرعي حيث يتولى علم الأصول بيان هذه القواعد والضوابط.

مع توفر هذه الشروط الثلاثة في النظرية يمكن اعتبارها نظرية فقهية وفي هذه الصورة تحظى هذه النظرية بقيمة معرفية كاملة. والمقصود من القيمة المعرفية الكاملة هي تطابق المعرفة الذهنية مع الواقع.

وواقع النظرية الفقهيّة هو الحكم الشرعي سواء كان ظاهرياً أو واقعياً.

ويتضح في ضوء ذلك أن النظرية الفقهية التي تتضمن الشروط المذكورة تتطابق مائة في المائة وكحد أدنى مع الحكم الشرعي الظاهري لأن الحكم الظاهري هو الحكم الذي يتوصل إليه الفقيه بمراعاة الشروط المذكورة آنفاً.

٤- قيمة النظرية الفقهية في موارد الاختلاف:

ان تفاوت النظريات الفقهية للفقهاء أو تبدل النظرية الفقهية لفقيه في ظرفين زمنيين مختلفين لا يقلّل من القيمة الفقهية للنظرية ما دامت الشروط المذكورة قد توفرت في النظرية الفقهية.

٥- منشأ الاختلاف في النظريات الفقهية:

ليس هناك سبيل للاختلاف في الأحكام الفقهية الـضـروريـة والاختلاف والتمايز في الآراء الفقهية يقتصر على دائرة الأحكام غير الضرورية.

فالأحكام غير الضرورية يجب أن تستنبط من مصادر الفقـه عبر الدليل ولذلك فان الاختلاف بين الفقهاء في النظريات الفقهية ناجم عن الاختلاف في مرحلة الاستنباط والاستدلال على الحكم الشرعي. وهذا بدوره ينشأ عن عدة عوامل:

١ / ٥- وجود أو عدم وجود الدليل.

٢ / ٥- حجيّة أو عدم حجّية الدليل (اعتبار أو عدم اعتبار الدليل).

٣ / ٥- دلالة الدليل أو عدمه.

٤ / ٥- وجود الدليل المعارض أو عدمه.

التحولات الاجتماعية تبدّل النظريات الفقهيّة:

بعد هذه المقدمة يمكن الحديث عن دور وتأثير التـحـولات الاجتماعية في تبدّل النظريات الفقهية .

ان احدى المسلّمات الشرعية في الدين الإسلامي ومن ضرورياته هو ان حلال محمد(ص) حلال الى يوم القيامة وحرامه حرام الى يوم القيامة .

وعلى هذا الأساس فانه لا يمكن حصول نسخ في الأحكام الشرعية بعد وفاة النبي(ص) . والتبدّلات المعنية في هذا البحث هي من نوع تبدّل الحكم الشرعي استناداً الى أحكام الشريعة وتعاليم النبي الأكرم(ص) . وبالتالي فان هذه التبدلات هي من سنخ التفاوت في الحكم الشرعي الملحوظ في ذات التشريع وليس من نوع النسخ للحكم الشرعي.

على سبيل المثال فكما ان هناك تفاوتاً في الظرف الزمني الواحد بين حكم المستطيع الذي يجب عليه الحج وحكم غير المستطيع الذي لا يجب عليه الحج ، فهناك أيضاً نوع آخر من التفاوت أُخذ بعين الاعتبار في أحكام الشرع ناجم عن التفاوت في الحكم تحت تأثير الظروف الزمنية والمكانية المختلفة أو العوامل الأخرى وهو ما سنوضحه في سياق البحث .

ان التحول أو التغيّر الذي يطرأ على النظرية الفقهية نتيجة للتحولات الاجتماعية يمكن أن يتخذ ثلاثة أنماط :

النمط الأول: تغيّر الحكم الواقعي:

المراد من تغيّر الحكم الشرعي الواقعي هو التغيّر الذي ينجم عن نص الحكم الإلهي ولا دخل لاجتهاد الفقيه أو قراره في انشاء هذا الحكم والدور الوحيد الذي يمكن أن يقوم به اجتهاد الفقيه في هذا النمط هو كشف واستنباط هذا التحول والتغيير عبر الدليل الشرعي أو الاعتبار العقلي.

وهذا النمط من تغيّر الحكم الشرعي ينقسم بدوره الى عدة أقسام في بعضها يستفاد من العلوم الطبيعية أحياناً كدور الكاشف عن هذا التغيّر في الحكم.

التغيّر الواقعي في الأحكام الشرعية يتمثل في أربعة أشكال أو أقسام:

١- تغير الحكم الشرعي العام بسبب تبدل موضوعه العام[١]

يقول الإمام الخميني (رض) في هذا الصدد :

«الزمان والمكان عنصران مؤثران في الاجتهاد . والقضية التي كان لها في السابق حكم معين تتخذ بحسب الظاهر حكماً جديداً في سياق الظروف والعلاقات السياسية والاجتماعية والاقتصادية السائدة في نظام معين ؛ بمعنى أنه لو دققنا في هذه العلاقات لوجدنا أن الموضوع الأول الذي لم يتبدل ولم يتحول في الظاهر عمّا كان عليه في الماضي إلا انه في الواقع أصبح موضوعاً جديداً وبالتالي يقتضي الأمر ان يكون له حكم جديد»[٢] .

وعلى هذا الأساس فان الاجتهاد الذي كان في السابق كافياً لثبوت الولاية للفقيه لم يعد اليوم كافياً للتصدي لمنصب ولاية أمر المسلمين وبالتالي فان الاجتهاد الذي يستطيع أن يثبت حكم الولاية للفقيه هو الاجتهاد الذي يمكّن الفقيه من استنباط المسائل الفقهية ذات الطابع السياسي والاجتماعي والاقتصادي في ظروفها المعاصرة وكذلك يمكّنه من تشخيص المصالح الاجتماعية للمجتمع المسلم في أوضاعه الراهنة .

---

(١) وفقاً للمصطلح الاصولي فان الحكم الشرعي له ثلاثة اركان : ١- الموضوع ٢- المتعلق ٣- الحكم فمثلاً وجوب الحج على المستطيع حكم شرعي له ثلاثة اركان ١- الموضوع وهو المستطيع ٢- المتعلق وهو الحج ٣- الحكم وهو الوجوب .

(٢) خطاب الامام (رض) الى علماء الدين والمراجع، صحيفة النور، المجلد ٢١ الصفحة ٩٨ .

ويقول الإمام الخميني في موضع آخر من هذا السياق:

«ان باب الاجتهاد مشرع على الدوام في الدولة الإسلامية وتقتضي طبيعة الثورة والنظام ان تطرح الآراء الاجتهادية الفقهية في مختلف الميادين وبحرية حتى وان كانت تتضارب مع بعضها البعض، ولا يحق لأحد أن يحول دون بيان هذه الآراء إلا ان المهم هو المعرفة الدقيقة لما يخص شؤون الدولة والمجتمع وبما يجعل النظام الإسلامي قادراً على التخطيط لصالح المسلمين لأن اتحاد الرؤية والعمل ضروريان.

ومن هنا نقول ان الاجتهاد المصطلح في الحوزات غير كاف بل وحتى اذا كان هناك شخص أعلم من الآخرين في العلوم المعهودة في الحوزات ولكنه لا يستطيع تحديد مصلحة المجتمع أو أنه غير قادر على تمييز الأشخاص الصالحين من غير الصالحين ويفتقد بشكل عام الى الوعي السليم في المجالات الاجتماعية والسياسية وتعوزه المقدرة على اتخاذ القرار فان مثل هذا الشخص لا يعد مجتهداً في القضايا الاجتماعية والحكومية ولا يستطيع أن يتولى زمام الأمور في المجتمع[1].

(١) جواب الامام على رسالة الشيخ محمد علي الانصاري، صحيفة النور، المجلد ١٢، الصفحة ٤٧.

٢- تغيّر الحكم الشرعي بسبب تبدّل مصداق موضوعه:

الموارد الخاصة بهذا القسم عديدة وكثيرة ونشير هنا الى نماذج منها:

تغيّر الحكم الشرعي لصلاة شخص كان مقيماً في بلد ثم سافر منه متجاوزاً المسافة الشرعية وكذلك التغيير في حكم الصائم لشهر رمضان ثم أصبح مريضاً. والتغيير في حكم وجوب الزكاة على من كان غنياً فافتقر والأمثلة في هذا القسم كثيرة.

الشخص الذي كان سالماً وكان مصداقاً لحكم من يجب عليه صيام شهر رمضان أصبح مريضاً وصار مصداقاً لحكم من لا يجب عليه الصيام، أو الشخص الذي كان مقيماً وبالتالي يصدق عليه حكم وجوب الصلاة تامة ثم يضحى مصداقاً لحكم صلاة القصر بعد أن يسافر الى أبعد من المسافة الشرعية وكذلك الشخص الذي كان ثرياً وكان يجب عليه الزكاة فافتقر فسقط عنه وجوب الزكاة.

في هذه الموارد والأمثلة فان مصاديق الموضوع في الخارج هي التي تتغير وبالتالي يتعلق الحكم الجديد بالمصداق الجديد.

التحول الجنسي لرجل أو امرأة في حال امكان حدوثه من الناحية العلمية نموذج آخر من تغير الحكم الشرعي بسبب تحول مصداق موضوعه.

٣- تغيّر الحكم الشرعي العام بسبب تبدّل متعلّقه:

كما في حالة حرمة الشطرنج الذي تغيّر حكمه الى الحلّية حينما
تغيّر الشطرنج من كونه لعبة قمار الى رياضة فكرية كما لاحظنا ذلك في
التغيّر الذي طرأ على فتوى الإمام الخميني بشأن حكم اللعب بالشطرنج.
ونلاحظ تغيرات من هذا النوع في فتاوى الإمام حول الموسيقى والغناء
وذلك لأن في ظروف ما قبل تأسيس الدولة الإسلامية كانت مجالات انتاج
الموسيقى والغناء غير اللهويين محدودة جداً ومن ثم كانت أنماط
الموسيقى والغناء الرائجة حينئذ ذات مقاصد لهوية ومحكومة بالحرمة غير
ان الوضع اتخذ شكلاً آخر بعد اقامة الدولة الإسلامية فراج استخدام
الموسيقى والغناء لمقاصد غير لهوية فتبدل حكم التحريم الى الحلّية
بسبب تغير المتعلق العام للحكم الشرعي.

بالطبع هناك أنماط من الموسيقى والغناء مازال استخدامها يقتصر
على المقاصد اللهوية وحكم التحريم جار عليها كما في السابق.

٤- تغيّر الحكم الشرعي بسبب تحول مصداق متعلقه:

المثال على هذا القسم من التغير والتبدّل هو النجاسة والحرمة
اللتان تلحقان بعصير العنب حينما يفور ومن ثم زوال حكم النجاسة
والحرمة بمجرد أن يفقد العصير ثلثي كميته ليتحول حكمه الى الحلية

والطهارة.

المثال الآخر على تبدّل الحكم الشرعي بسبب تحول مصداق متعلقه هو التغيير الذي يحصل لنصاب المال الزكوي فيتغير حكم الزكاة نتيجة لهذا التغيير وكذلك من النماذج الأخرى في هذا المجال تغير قيمة النقد بسبب التضخم.

فان ما يعتبره العرف متعلّق الاعتبار في المعاملات وما هو مقصود في عملية تبادل ونقل هذا الاعتبار هو القيمة الحقيقية والقدرة الشرائية للمال.

والنقد هو عبارة عن وثيقة تنوب عن القيمة الحقيقية والقدرة الشرائية التي يتم تداولها وتبادلها في السوق.

وفي ضوء ذلك فان ما يطرأ من تحولات في سوق المال بشكل يجعل قيمة المال تفترق بشكل كبير عن قيمته الأولية وبنحو يسقط اعتبار المال في نظر العرف، فان عرف العقلاء يعتبر في هذه الحالة القيمة الحقيقية للمال هو الملاك وهو ذاته متعلق الحق الذي في ذمة الإنسان. ومن هنا فان تغير قيمة المال وتذبذبات نسب التضخم في السوق توجب تغيير المصداق لمتعلّق الحق الشرعي وعلى أثره يتعلق الحق الشرعي بالمصداق الجديد. التفاوت بين المثال الأخير والمثالين السابقين هو ان الحكم الشرعي في الأخير وضعي وفي السابقين تكليفي.

ما تم بحثه هنا ينضوي كله تحت النمط الأول من تغيّر النظرية

الفقهية التي عبرنا عنه بالتغيير الواقعي للحكم الشرعي وأوضحنا ان هذا النمط من التغير له أربعة أقسام وخلصنا من خلال ما أوردناه من تفاصيل وأمثلة ان هناك دوراً للتحولات الاجتماعية في جميع الأقسام الأربعة للتغير الواقعي للحكم الشرعي. وعليه فان أربعة أشكال من التغيرات الواقعية في الحكم الشرعي قد تتحقق نتيجة هذه التحولات الاجتماعية وفيما يلي أمثلة لكل هذه الأشكال الأربعة:

١- مثال لتبدّل الحكم الواقعي بسبب التحول في الموضوع العام:

على أثر التحولات السياسية ـ الاجتماعية في المجتمع الإنساني والمجتمعات الإسلامية فان الاجتهاد المصطلح في الحوزات لم يعد كافياً للتصدي لمنصب ولاية أمر المسلمين في عصرنا الحالي. وهناك حاجة في هذا العصر بالنسبة لتولي زمام أمور المسلمين الى اجتهاد يشتمل على معلومات في المجالات السياسية والاجتماعية اضافة الى العلوم الحوزوية المعروفة.

٢- مثال لتبدّل الحكم الواقعي بسبب التحول في مصداق الموضوع:

التحول الجنسي لرجل أو امرأة مع امكانه من الناحية العلمية نتيجة التقدم العلمي والتقني وامكان حدوثه من الناحية العملية يعد أحد الموارد التي يحدث فيها تغيير في الحكم نتيجة للتحولات الاجتماعية، فالمجتمع في هذه الصورة يقبل بهذا الواقع ويحظى هذا التغيّر بمقبولية

لدى العرف (رغم ان المثال فرضي لكنه فرض قريب الى الواقع) .

٣- مثال لتـبـدل الحـكـم الشرعـي الواقـعـي بـسـبب التـحـوّل في متعلّقه :

في ضــوء التغيـرات والتحولات الاجتمـاعيـة أضحى للـشطرنج والموسيقى والغناء التي كان حكم جميعها التحريم طبيعة أخرى. فخرج الشطرنج من كونه وسيلة للربح والخسارة وآلة قـمـار وكذلك المـوسـيـقى والغناء فقد استـخدمـا لأغراض غير لـهوية وبـاتا مـختـلفين ماهويـاً مـع الموسيقى والغناء اللهويّين .

٤- مثال لتبدّل الحكم الشرعي الواقعي بسبب التحول في مصداق متعلّقه :

من أبرز النماذج لهذا النوع هو قضية التضخم الذي بـسببـه تتغيـر قيمة المال الذي في ذمة الإنسان. ولأن المـال الذي في ذمته يمثل قيمة المبادلات الحقيقية فان سقوط القيمة التبادليّة للمـال يؤدي الى استقرار مال جديد يعادل القيمة التبادليّة لماله ولذلك يصبح للطالب حق في المال الجديد .

النمط الثاني: التحول الاجــتهادي أو تبــدّل الحكم الشرعي الظاهري:

المراد من التحول الاجتهادي للحكـم الشرعي هو التغيير الذي يطرأ على استنباط الفقيه للحكم بأن يتبدل اجتهاده بشأن ما ينكشف له من الحكم الإلهي وهذا النمط من تبدل الحكم الشرعي يمكن تسميته بتبدّل الحكم الشرعي الظاهري. لأن ما يتغير ويتبدل ليس هو ذات الحكم الشرعي بل اجتهاد الفقيه بشأن الحكم الشرعي. يستنبط الفقيه حكماً من دليل معين ثم يتبدل فهم الفقيه نتيجة التحولات الاجتماعية فيستخرج حكماً آخر من نفس الدليل أو من دليل معتبر آخر.

التحول الاجتهادي للحكم الشرعي يشـمل نوعين أساسيين أحدهما ينقسم الى خمسة أقسام فيكون لهذا النمط من التحـول والتغيير ستة أقسام وفيما يلي نبذة عنها جميعاً:

النوع الأول: التحول في المفهـوم والذي يشـتمل على خمسة أشكال:

١- التحول في المفهوم الناشئ عن تغيير ظهور الدليل الفقهي في رأي الفقيه.

التغير في الظهور يأتي أحياناً بسـبب الالتفات الى قرائن جديدة لفظية أو حالية أو مقاميّة تسبّب تبدّل الظهور اللفظي عند الفقيه وأحياناً

أخرى يسبّب التحوّل الاجتماعي أن يلتفت الفقيه إلى معنى آخر للّفظ لم يلتفت إليه سابقاً وبذلك يسبّب التحول الاجتماعي ظهوراً لفظياً جديداً للفقيه.

لمزيد من التوضيح نقول انه قد يفوت الفقيه في دراسة نص الدليل اللفظي بعض القرائن فينتبه إليها بعد فيتبدّل عنده ظهور اللفظ ودلالته.

وقد يكون الفهم الجديد للفقيه حصيلة تحولات اجتماعية من قبيل ما اذا ادرك الفقيه النص بنحو يظن معه ان مدلول النص هو نفس مدلوله في زمن صدوره عن المعصوم ولكن بعد فترة وبفعل التغييرات والتحولات الاجتماعية ينتبه الفقيه الى أن مدلول اللفظ كان شيئاً آخر حين صدوره فيلتفت ان المعنى الفعلي للفظ هو المعنى المنقول وليس المعنى الحقيقي الأول اثناء صدور اللفظ من المعصوم.

٢- التحول في المفهوم الناشئ عن كشف خصوصية الحكم الشرعي وعدم عموميته.

في هذه الصورة يتبين للفقيه بعد فترة من الزمن ان نص الدليل كان في مقام بيان قضية خارجية وليس قضية حقيقية. فمثلاً قد نواجه رواية من المعصوم فيها اشارة الى كراهة التعامل أو كراهة الزواج مع أفراد قوم معينين وكان الوضع الثقافي لهؤلاء القوم آنذاك غير مناسب اذ كانوا في نزاع أو حرب مع المسلمين فعندما تغيّرت الظروف نتيجة التحولات الاجتماعية تغير الوضع الثقافي لهؤلاء وأصبح أبناء هؤلاء القوم في عداد

المسلمين والمدافعين عن الإسلام وقيمه كسائر المجتمعات الإسلامية.

ويستنتج الفقيه بعد مضي فترة من الزمن ونتيجة للتحولات الاجتماعية ان الرواية التي نهت عن التعامل مع هؤلاء القوم كانت قضية خارجية ولم تكن في مقام بيان قضية حقيقيّة أي ان الرواية قد راعت الوضع السائد لذلك المجتمع آنذاك ومضمون الرواية خاص بتلك الفترة.

٣- التحول في المفهوم الناشئ عن كشف الحكم الشرعي بأنه ذو شأن حكومي وغير أوّلي.

فمثلاً هناك رواية تقضي بأن من أحيا أرضاً ميتة فهي له. ولكن الفقيه وبسبب التحول في الظروف الاجتماعية يستنتج بأن الرواية المذكورة لا تبين حكماً أولياً وانما حكمها حكومي بمعنى ان المعصوم أصدر مثل هذا الحكم نظراً لمصلحة رآها في زمانه بصفته حاكماً وذلك لتشجيع الناس على الزراعة واحياء الارض بأن تعطي له ملكيتها اذا قام باحيائها. ولكن في ظروف اجتماعية أخرى حيث تتمكن شركات كبرى بما تملك من امكانيات ضخمة من احياء أراض شاسعة، واعطاء حق الملكية لهذه الشركات سيؤدي الى ظهور طبقية فاحشة في المجتمع ويخلّ بشكل واسع بالعدالة الاجتماعية وفي هذه الصورة يرى الحاكم الإسلامي المصلحة بخلاف ذلك ويمتنع من منح ملكية الأراضي لمن يحييها وانما يوافق فقط على ايجارها لفترة معينة طبقاً لما تقتضية مصلحة المجتمع.

٤ - التحول في المفهوم الناشئ عن كشف المدلول الترتبي للدليل وتوصل الفقيه الى مراتب جديدة من مدلول اللفظ .

المثال على هذا الشكل من التحول هو توصل الفقيه من خلال تجاربه الاجتماعية الى ان العدالة الضرورية في امام الجماعة ليست كافية للفقيه الذي يتولى أمر الأمة والفقيه الولي يحتاج الى مراتب أكبر بكثير من هذا النوع من العدالة يقول الإمام الخميني في هذا المجال :

«الفقيه لا يكون مستبداً، والفقيه الذي يملك مثل هذه الأوصاف هو فقيه عادل ولا تعني العدالة هنا العدالة الاجتماعية المصطلحة وانما العدالة التي يمكن أن تسقطها كذبة واحدة أوتزيلها نظرة الى من يحرم النظر اليه ، مثل هذا الشخص لا يمكن ان يرتكب مخالفة شرعية ، ولا يرتكب مثل هذه المخالفة» .

٥ - التحول في المفهوم الناشئ عن الالتفات الى اللوازم العقلية أو العادية للمدلول، يمكن الاستشهاد في هذا المجال بقضية الوجوب الشرعي للخمس فحينما يصل الفقيه من خلال دليل وجوب الخمس الى ان مالك الخمس ليس هو الإمام بشخصه حتى يتقسم بعد رحيله ووفاته مثل سائر تركته وثروته الشخصية بين الورثة وانما مالكه هو منصب الإمامة وما يصطلح عليه بالشخصية الاعتبارية والمعنوية للإمام وما يعبّر عنها أيضاً بالشأن الحكومي . فانّ هناك أمراً لازماً عقلياً يترتب على هذه الحقيقة ولا يمكن ان ينفك عنها .

فانّ من الواضح ان وجوب الخمس ليس خاصاً بعصر الظهور بل هو حكم مستمر في عصر الغيبة ايضاً، ومن اللوازم العقلية لاستمرار وجوب الخمس في زمن غيبة المعصوم هو ان شخصية الإمام الاعتبارية لا يمكنها ان تغيب فلابدّ لمنصب الامامة الشرعية ان يبقى فاعلاً وقائماً بالامر رغم غيبة المعصوم. وهذا يستلزم وجود من يقوم مقام الامام الغائب في تولّي مهامّه ومسؤولياته ومنها اخذ الخمس وصرفه في مصارفه الشرعية فينبغي ان يكون هناك من يتمتع بنفس صلاحيات الإمام الحكومية فيقوم بأخذ أموال الخمس ويصرفها في المصارف التي تخص شؤون الدولة وشؤون الحاكم الإسلامي.

النوع الثاني: التحول في المصداق:

مع مرور الزمن والتعقيد المتواصل والمطّرد الذي تشهده العلاقات الاجتماعية ومع ظهور امكانيات ومتطلبات جديدة فقد تبرز مصاديق جديدة لمفهوم واحد كما هو الحال بالنسبة الى قضية الفساد في الأرض التي ظهر لها مصاديق جديدة كسوء استغلال الموارد والمصادر الطبيعية وعدم رعاية التعاليم الصحيّة أو تلويث البيئة. لأننا حينما نرجع الى النصوص الدينية ولاسيما القرآن الكريم نجد ان الفساد في الأرض يعني هلاك الحرث والنسل والاخلال في النظام العام والموارد المذكورة هي بعض المصاديق الجديدة الجلية لهذا الفساد.

النمط الثالث: التغيّر في الأحكام ذات الطابع الحكومي

يقع في مسؤولية كل فقيه ثلاث مهام رئيسية:

ـ مهمة الافتاء.

ـ مهمة القضاء.

ـ مهمة القيادة والزعامة.

في اطار المهمة الأولى أي الافتاء فان من مسؤولية الفقيه استنباط الأحكام الشرعية العامة. وفي اطار المهمة الثانية على الفقيه فضلاً عن الافتاء ان يقوم بتحديد مصداق الحكم الشرعي في موارد الاختلاف بين طرفي النزاع والدعوى وفي اطار المهمة الثالثة أي الزعامة والقيادة فان مسؤوليات الفقيه فضلاً عن الافتاء والقضاء تتوزع على عدة وظائف أهمها:

١- تشريع تفاصيل الأحكام الإلهية أي ان من واجب الفقيه ان يترجم الأحكام الإلهية على صورة قوانين تنفيذية ويستطيع الفقيه ان يوكل هذه المهمة الى جماعة يثق بهم وينتخبهم الشعب ضمن شروط معينة ومن ثم يقف الفقيه ليشرف بشكل مباشر أو غير مباشر على سير عملية التشريع.

٢- تحديد وتشخيص المصالح العامة وتقديم الدعم في هذا المجال.

٣- ادارة الأمور ذات العلاقة بالمصالح العامة وتقديم الدعم اللازم لأداء هذه الوظيفة.

٤ – تطبيق القانون واقرار النظام .

الوظيفتان الأولى والثانية ذاتا طابع تشريعي والوظيفتان الثالثة والرابعة ذاتا طابع تنفيذي .

الوظيفة الأولى أي تشريع الأحكام الإلهية تشمل أربعة مجالات أساسية :

أ ـ كشف الأنظمة القانونية للأحكام الإلهية ، كالنظام الاقتصادي والثقافي .

ب ـ تحديد الحكم النهائي والفصل في موارد التزاحم بين الأحكام الشرعية وفقاً للضوابط الشرعية المحددة من قبل العقل والشرع .

ج ـ تشخيص الموارد والعناوين الثانوية كالضرر والعسر والحرج وتحديد الحكم الشرعي الثانوي على أساسها .

د ـ تحديد وتشخيص موضوعات الأحكام الاجتماعية .

الوظيفة الثانية أي تحديد وتشخيص المصالح العامة تنطوي على شؤون ومجالات عديدة منها :

ـ الشأن السياسي الداخلي والخارجي .

ـ المجال المالي ، كتنظيم العلاقات الاقتصادية والتوزيع العادل للثروة وأمثاله .

ـ المجال الثقافي .

ـ الأمور الخاصة بالتربية والتعليم .

ـ الأمور الخاصة بالدفاع والأمن الوطني وما شابه .

ان كافة القوانين والقرارات التي تصاغ وتتخذ من جانب الفقيه أو المراكز والمؤسسات التي تعمل تحت اشرافه والتي تنضوي تحت عنوان الوظائف التشريعية هي أحكام ذات طابع حكومي وتتغير مع الظروف وحسب ما تقتضيه مصالح المجتمع . إن الأحكام الحكومية هي في ذاتها أحكام مؤقتة وتتبع ظروف الزمان والمكان والمصالح الاجتماعية ولذلك فان تأثير التحولات الاجتماعية في نطاق الأحكام الحكومية أو الخاصة بشؤون الدولة هو أكبر من سائر الأحكام الواقعية أو الظاهرية الاجتهادية .

ونجد تأثير الظروف الزمنية والتحولات الاجتماعية بشكل واسع في أحكام الدولة التي صدرت عن الإمام الخميني (رض) ومنها قانون العمل وقانون المؤجر والمستأجر وقانون الزراعة المؤقتة وما لحقه من قانون تمليك الأراضي ووضعها تحت تصرف المزارعين والموافقة على قرار مجلس الأمن الدولي رقم ٥٩٨ .

الفهرست